ASSOCIAÇÕES RELIGIOSAS
NO CICLO DO OURO

Introdução ao Estudo do Comportamento
Social das Irmandades de Minas no Século XVIII

Fritz Teixeira de Salles

ASSOCIAÇÕES RELIGIOSAS NO CICLO DO OURO

Introdução ao Estudo do Comportamento
Social das Irmandades de Minas no Século XVIII

Fritz Teixeira de Salles

Ficha Técnica

Coordenação Geral da Edição
Evandro Salles e Ricardo Teixeira de Salles

Pesquisa e Edição do Texto
Ricardo Teixeira de Salles

Fotografias e Programação Visual
Evandro Salles

Arte Final
Jarbas Delani

Revisão do Texto
Eloisa Graziela Franco de Oliveira
e Bárbara Borges

Tratamento de Imagens
Marcia Roth e Jarbas Delani

Realização do Projeto
Associação dos Amigos do Museu da Inconfidência

Produção
Lumen Argo Arte e Projeto

Dados Internacionais de Catalogação na Publicação (CIP)
(Câmara Basileira do Livro, SP, Brasil)

Salles, Fritz Teixeira de
    Associações religiosas no ciclo do ouro: introdução ao estudo do comportamento social da Irmandades de Minas no Século XVIII / Fritz Teixeira de Salles. -- 2. ed. rev. e ampl. -- São Paulo : Perspectiva, 2007.

    Bibliografia.
    ISBN 978 - 85 - 273 - 0808 - 3

    1 . Associações religiosas - Minas Gerais - História 2. Brasil - História - Ciclo do ouro
I. Título.

07-9202   CDD-267.18209

Índices para catálogo sistemático
1. Irmandades religiosas : Minas Gerais : História
    2667.18209

Índice

Apresentações e Textos Críticos • 15

Nota do Organizador • 18

Apresentação, por Rui Mourão • 20

Fritz Teixeira de Salles, Historiador, por Caio Boschi • 26

Fritz Teixeira de Salles, Desbravador de Caminhos, por Cristina Ávila • 32

Introdução à 1ª Edição • 43

Introdução à 2ª Edição • 63

Capítulo I - Discriminação Racial • 69

Capítulo II - Categoria Social e Econômica das Irmandades • 87

Capítulo III - Assistência Social - Elo Entre Irmandades Afins de Cidades Diferentes • 119

Capítulo IV - Batalhas Judiciárias • 139

Capítulo V - Conclusão • 165

Anexos • 183

Relação de Compromissos Inéditos Citados • 184

Documentos Avulsos Consultados • 185

Pequena Autobiografia de Fritz Teixeira de Salles • 193

Bibliografia • 197

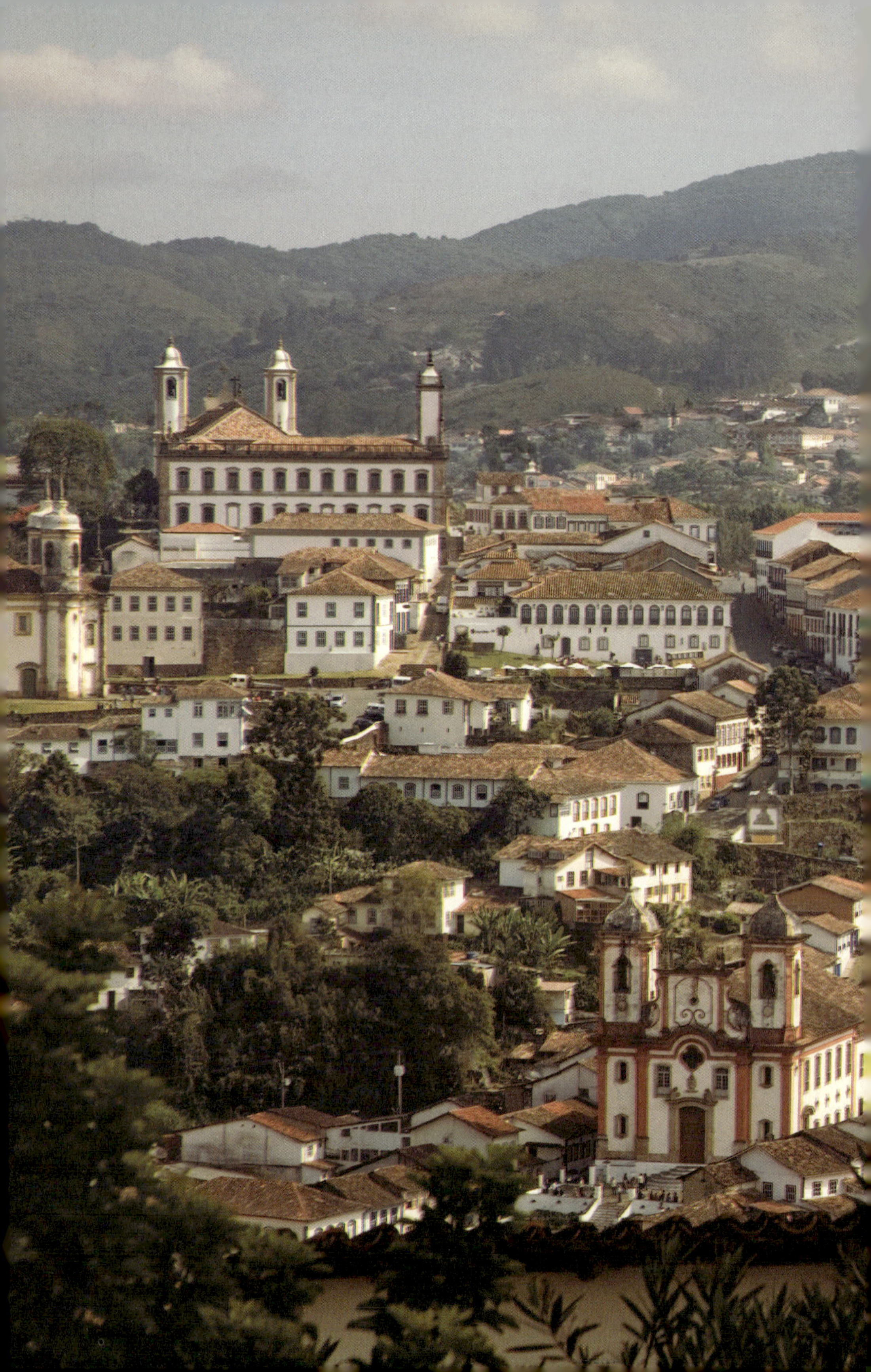

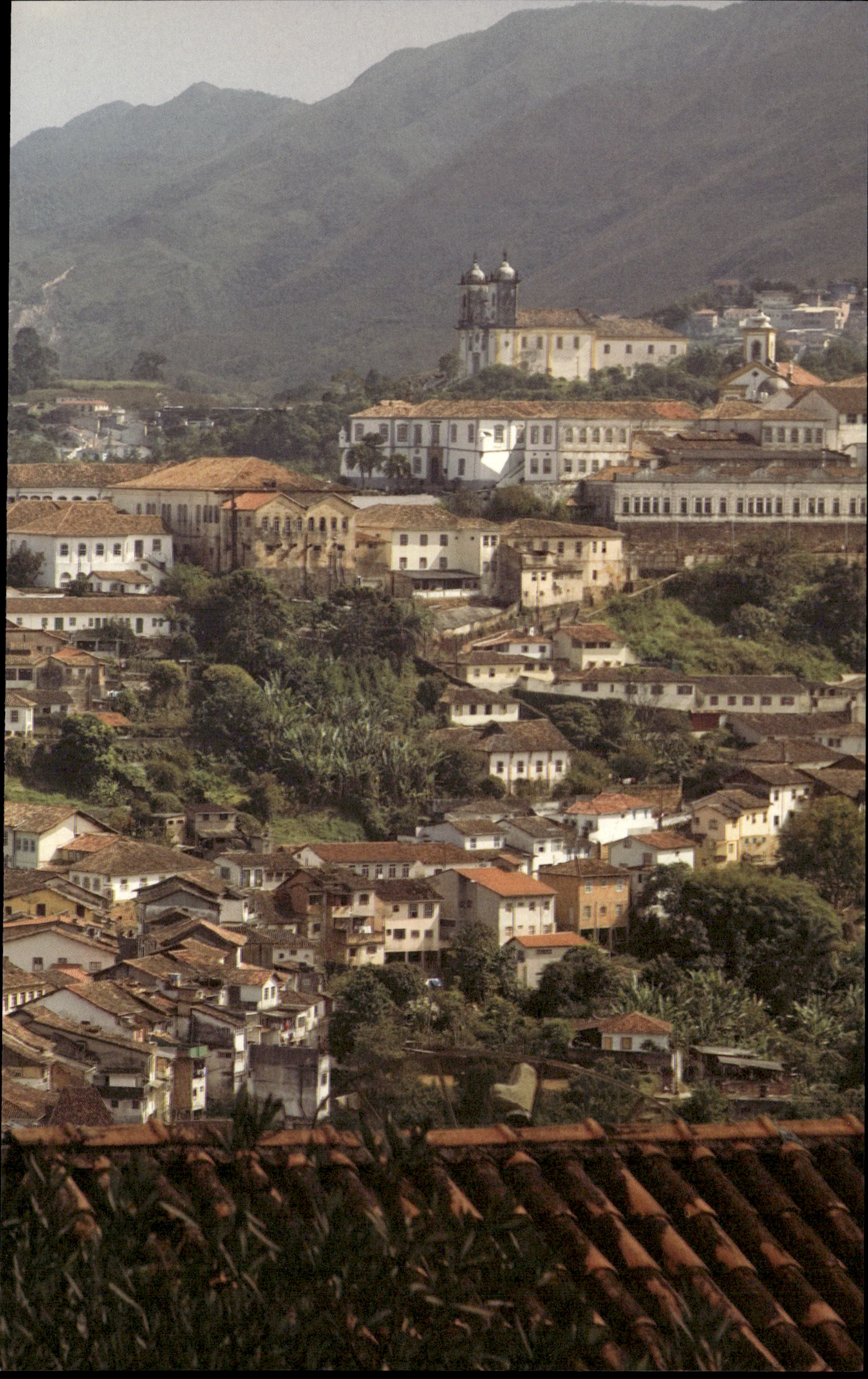

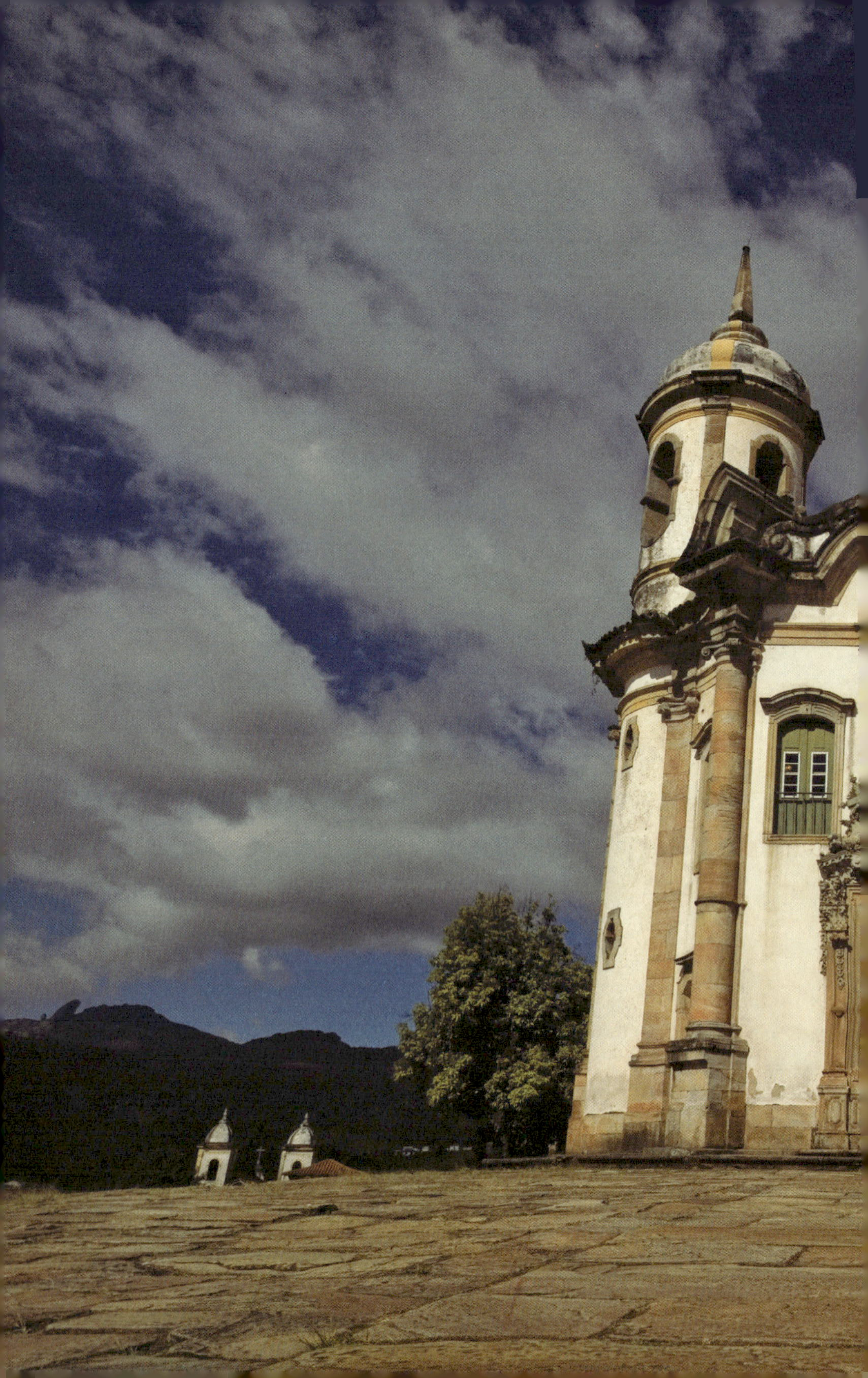

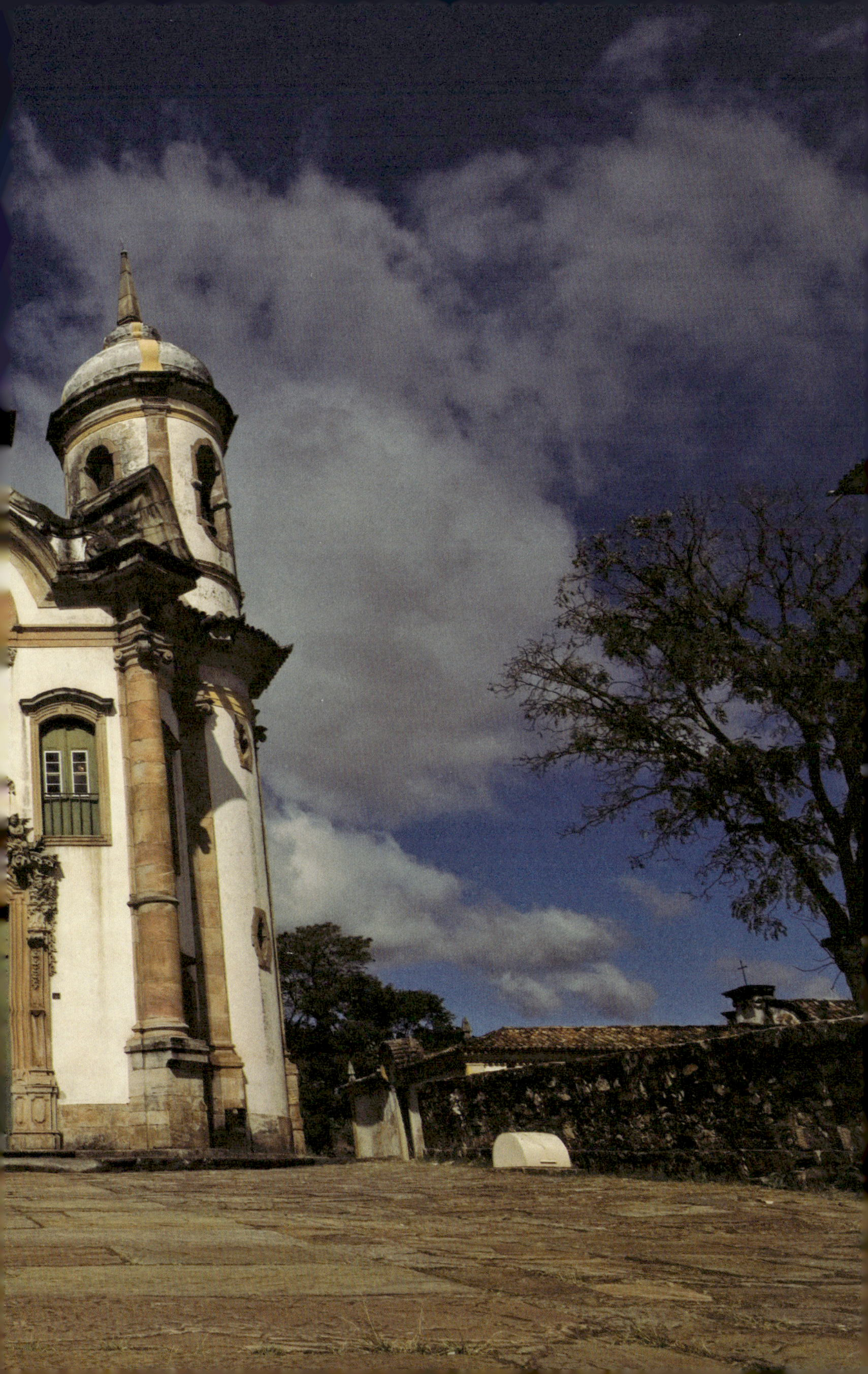

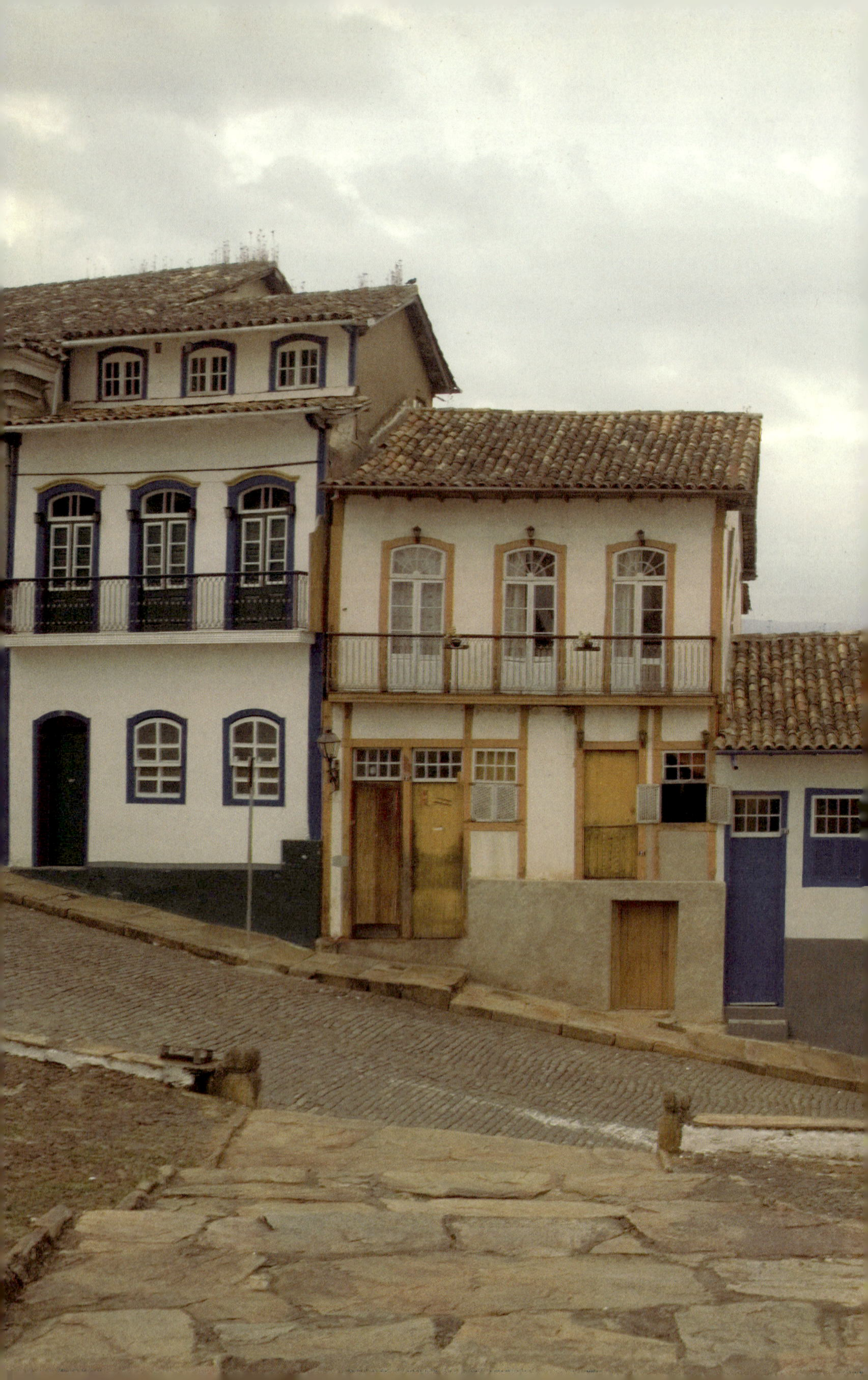

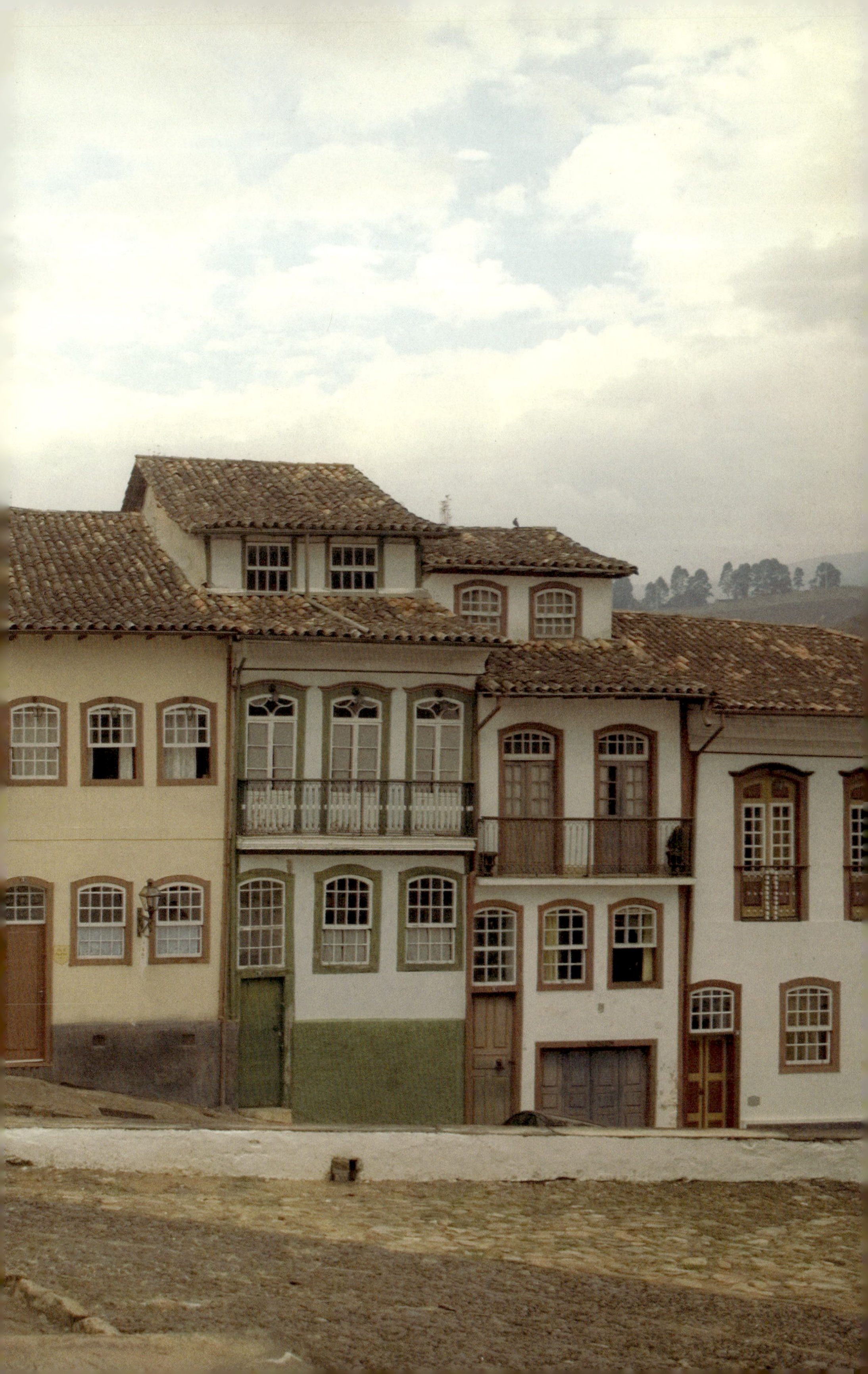

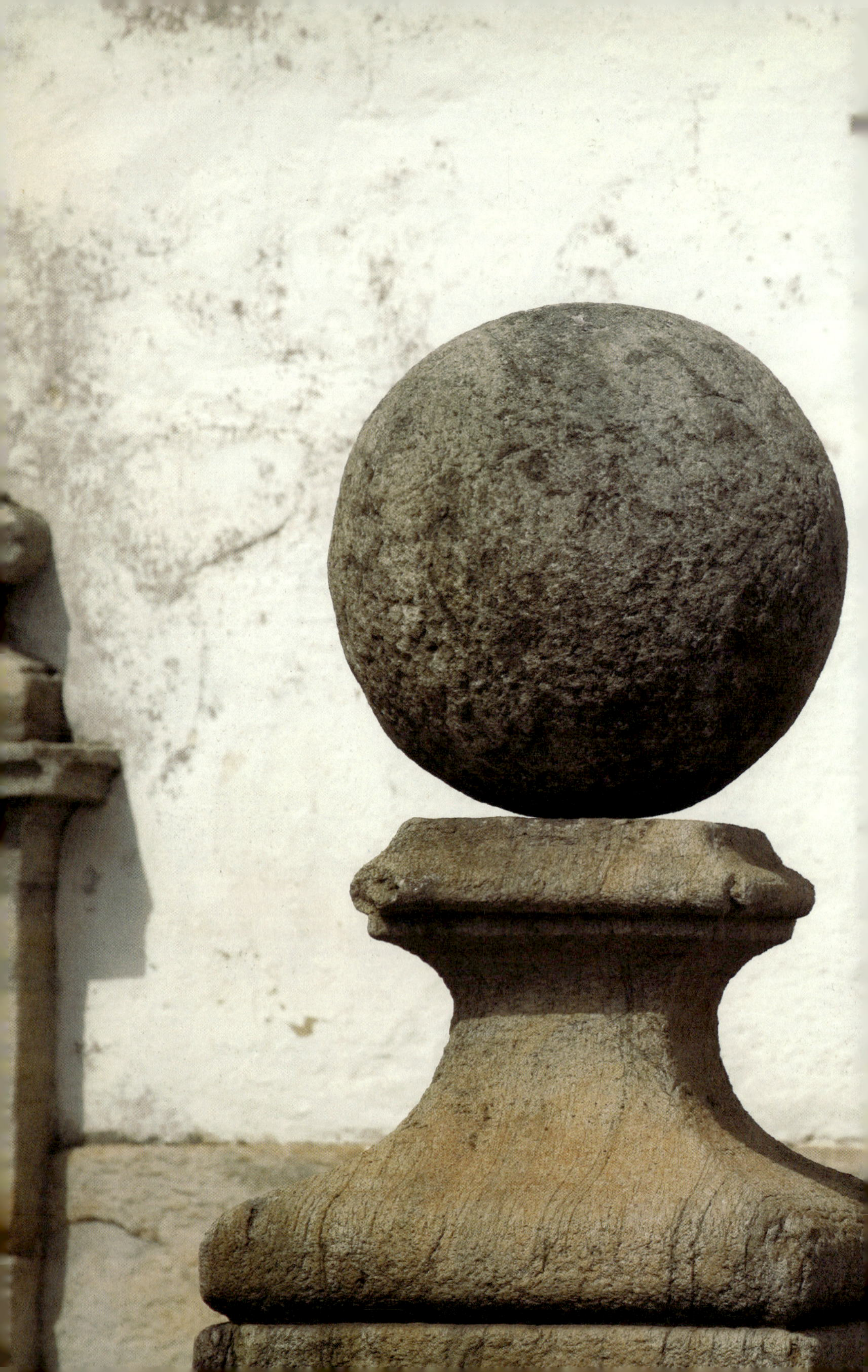

Apresentações e Textos Críticos

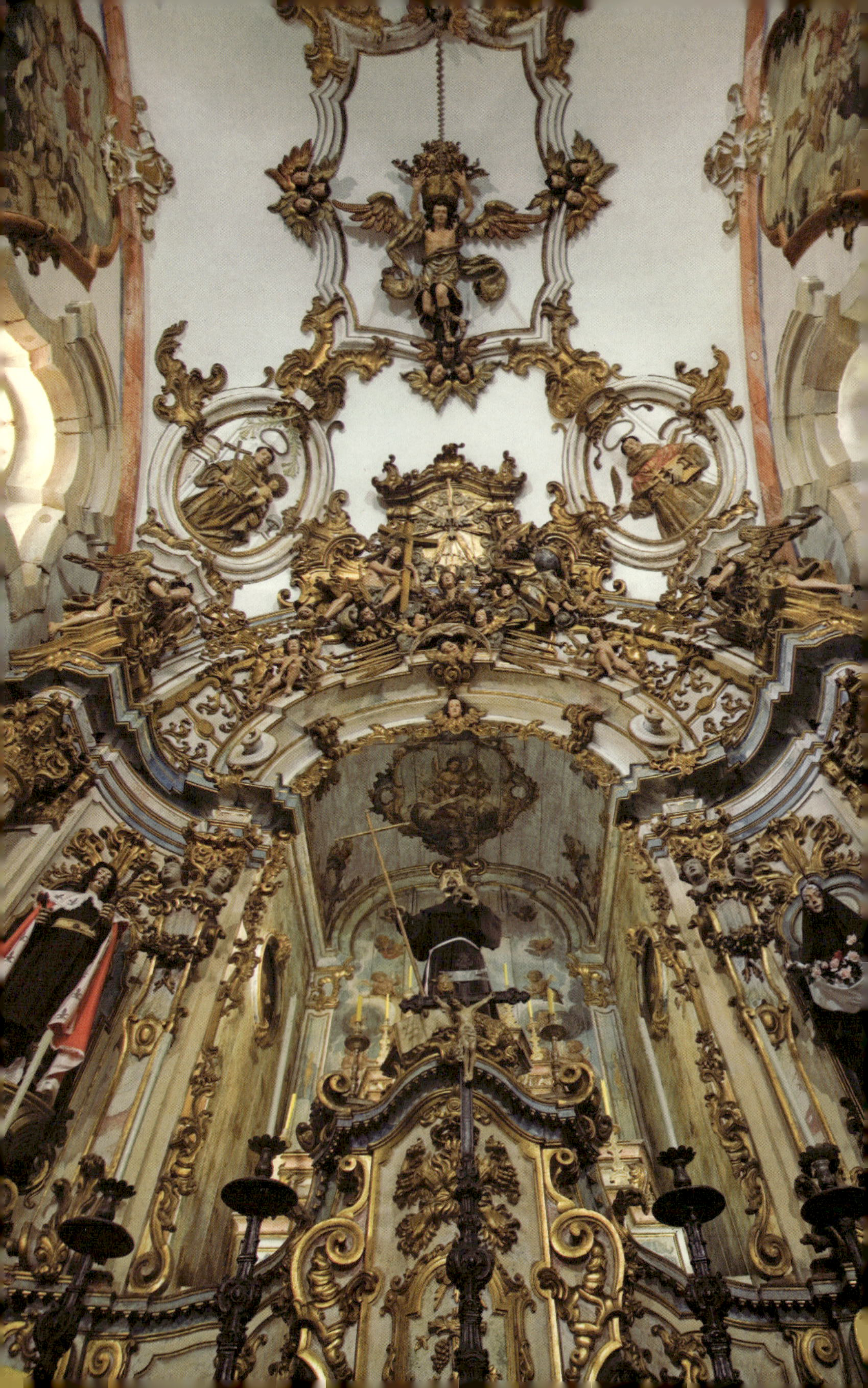

A partir de sua política de apoio institucional, que tem como um de seus pilares o resgate da memória e a valorização do patrimônio cultural da civilização brasileira, a CAIXA vem apoiando ações e projetos de forte significação no contexto plural da cultura do país.

A reedição do livro *Associações Religiosas no Ciclo do Ouro*, do historiador e escritor mineiro Fritz Teixeira de Salles, que há muito encontrava-se esgotada, enquadrando-se nessa perspectiva, configura-se como iniciativa decisiva para tornar acessível obra fundamental na bibliografia existente sobre um dos períodos estruturantes da história brasileira.

Esse precioso trabalho de pesquisa e análise é obra fundamental para a compreensão dos processos e meios pelos quais se configurou a formação da identidade nacional, ocupando lugar referencial para estudiosos, pesquisadores e interessados em conhecer as raízes de nosso processo civilizatório.

Ciente de sua histórica vocação, que há 147 anos a coloca na vanguarda das grandes transformações, na condição de banco popular ou como agente executor das políticas sociais do governo, a CAIXA compreende que uma das vertentes da sua responsabilidade social consiste no fomento à cultura e a todas as formas de expressão da criatividade do nosso povo.

Ao apoiar a publicação da edição revista e atualizada desta obra, a CAIXA acredita contribuir para o aprofundamento da compreensão de toda uma época, lançando novas luzes sobre nossa história do Brasil, com foco na significação social e econômica das irmandades religiosas, que, como revela o autor, tiveram, durante o período colonial, papel fundamental nas relações entre estado e sociedade.

Caixa Econômica Federal

Nota do Organizador

Ricardo Teixeira de Salles

Ao estabelecermos os parâmetros de trabalho para a reedição deste *Associações Religiosas no Ciclo do Ouro*, fixamos, como primeiro passo, o exame de um exemplar deixado pelo autor, em que ele redigiu inúmeras observações e efetuou diversos cortes de textos em vários capítulos do livro, alterações que deveriam ser consideradas, dentro de uma possível republicação da obra. Em seguida, pesquisando o acervo dos escritos deixados por Fritz, deparamo-nos com uma pasta contendo 85 laudas datilografadas, a serem inseridas no *Associações Religiosas*, numa futura reedição. Ao mesmo tempo, tais textos apresentavam, ainda, uma nova e ampla bibliografia, abrangendo uma centena de referências, especialmente de publicações surgidas após 1963, ano da edição do livro.

Como resultado dessa visão investigativa do fato, para a determinação da verdade histórica, fica extremamente clara, e definitiva, no livro, a contribuição positiva das irmandades religiosas para a economia e o bem estar social da sociedade do século XVII, em Ouro Preto.

Por outro lado, ficamos sabendo também que a Igreja impedia a prática e a proliferação dos valores estéticos e culturais específicos da coletividade africana, ou seja, dos homens que aqui chegavam para o trabalho escravo. Extraindo uma interpretação subjacente ao livro, ou se quisermos, de uma leitura das entrelinhas da obra, um fato de extraordinária significação, especialmente para aqueles interessados no estudo da arte barroca em Minas, foi a motivação ou inspiração dos artistas daquela época. Todos viviam num contexto social absolutamente religioso. Vemos, então, a instrumentalização da arte voltada exclusivamente para o engrandecimento da cultura religiosa emanada de Roma, para o mundo.

Todos, seja na arquitetura, na pintura, na escultura ou na música, observavam um receituário que só objetivava à monumentalização da espiritualidade divina. Vemos então que a forma e o conteúdo que existiam na unidade da obra de arte, no século XVIII, em Minas, desempenhavam um papel de absoluta dependência da louvação aos códigos religiosos, totalmente alheios à ebulição da realidade comunitária. O que, sem dúvida alguma, é uma (outra) instigante lição de história que podemos extrair da obra de Fritz. Instigante, dizemos, uma vez que em consonância com os interesses da interpretação do barroco mineiro, como representativo da gênese do pensamento e ação de um povo.

O historiador revolve o passado, eivado de costumes plurisseculares, para encontrar os motivos que determinaram os traços únicos da natureza que distingue a maneira de ser do homem mineiro. Tudo isso marca a empreitada das atividades voltadas para a reedição deste livro que, fundamentalmente, trata da faculdade do envolvimento em torno das idéias empregadas na busca do conhecer humano. De ontem, de hoje, de sempre.

Apresentação

Rui Mourão

Inaugurando em 1963 a coleção Estudos, do Centro de Estudos Mineiros, da Universidade de Minas Gerais, *Associações Religiosas no Ciclo do Ouro*, de Fritz Teixeira de Salles, tornou-se referência obrigatória na bibliografia sobre a matéria. Pela primeira vez aparecia um livro inteiro dedicado às organizações pias formadas ao lado das igrejas com o objetivo da difusão da fé católica, mas que, devido às condições do período em que de fato tiveram função, acabariam extrapolando os propósitos da inspiração de origem, ao desempenhar papel de relevo para a organização da vida dos homens na sua materialidade temporal e mundana. Não podendo, pelo vulto adquirido, passarem despercebidas aos que se voltaram para os estudos coloniais, vários historiadores, às vezes até de maneira sistemática, a elas se referiram. Mas ninguém havia ainda utilizado as organizações criadas pelas ordens terceiras – irmandades, confrarias, arquiconfrarias ou pias uniões – como alternativa para a compreensão do "processo de estratificação das classes sociais" no século XVIII. Numa exuberância de citações – apego documental que visivelmente procurava reservar o elemento discursivo e as generalizações para o capítulo das conclusões –, o autor desce fundo, com objetividade e isenção, no levantamento das estruturas dos agrupamentos formados pelas diversas confissões em Ouro Preto, Mariana, Sabará e São João del Rei. E o que vai sendo delineado é o panorama social de uma época em que a sociedade brasileira, como um todo, encontrava-se em processo de formação.

Começando o balanço dos elementos levantados na exaustiva leitura dos mais diversos compromissos de filiação, o autor declara: "Não se pode negar a influência histórica das irmandades na existência, entre nós, do preconceito" (p. 180). É uma informação que nos permite avaliar a sutileza com que está sendo empregado o método do materialismo histórico, anunciado como pressuposto para o ensaio desde as considerações gerais da Introdução. De acordo com o pensamento de Karl Marx, a superestrutura cultural é resultado da infra-estrutura da produção econômica, o que não significa que, entre essas duas esferas de atuação humana, invariavelmente se estabeleça uma relação mecânica de mão única. Fritz Teixeira de Salles não ignora, os produtos engendrados por influência das ações da base social não são isentos de dinamismo próprio e, num movimento de reversão, passam a ter influência sobre a camada inferior da qual tiveram origem. Diz ele textualmente: as irmandades religiosas nasceram do processo formativo e, "num movimento de retorno, ao mesmo processo emprestaram ênfase singular e marcante" (p. 181). É o que lhe permite concluir que a Igreja tenha sido uma força responsável pelo desenvolvimento do racismo entre nós. Mas não deixa de ressalvar que, cessada a causa da opressão econômica que sobre ela era exercida, a religião trabalharia no sentido da eliminação do preconceito.

Ao pôr em relevo a mistificação geral estabelecida na sociedade do século XVIII, Fritz chama a atenção para o fato de que a contradição do sistema produtivo do Nordeste entre senhores e escravos teria outro parâmetro em Minas Gerais, onde um agrupamento de base urbana afasta o fenômeno da ocorrência da aristocracia rural, pois a estruturação da futura classe média – pela aglutinação "de grupos e subgrupos de comerciantes, comerciários, operários classificados, mestres de obra, profissionais liberais, militares e outros" – é que estava em vias de se efetivar. O texto considera como originalíssimo e peculiar à sociedade mineira do ciclo do ouro o fato de as corporações de pardos chegarem "a ser veículo de luta contra aquela classe dominante" (p. 178), mas deixa de considerar outro aspecto da alienação que envolve essas organizações. A simples existência delas já constitui sinal de preconceito, porque seus membros não desejavam passar por pretos, e os brancos os repeliam.

A ocorrência das concentrações de pardos põe a nu outro aspecto significativo. A forma de relacionamento entre as pessoas que se sentiam brancas e as pessoas que não tinham dúvida de serem brancas. O fato de se verem recusados pelo grupo a que julgavam pertencer, levou os mulatos a inovarem com a criação do refúgio próprio. Era a mesma atitude de auto defesa que até hoje continua a existir num país com significativo contingente da população que não é capaz de reconhecer a sua condição de mestiço. Em busca de afirmação, os elementos que, por uma razão ou outra, viam-se impossibilitados de conviver com os representantes das raças que lhe deram origem procuraram se valorizar – quer dizer, procuraram conquistar o espaço da sua existência própria –, dedicando-se principalmente à criação artística. E o fazia traindo um sentimento de indisfarçável frustração, pois, enquanto um pintor de pele branca como Manoel da Costa Ataíde se mostrava à vontade ao representar personagens negras em suas pinturas, Antônio Francisco Lisboa ia buscar seus modelos em gravuras alemãs, para esculpir figuras que correspondiam à idealização de um padrão eugênico que lhe era antípoda. Como se vê, *Associações Religiosas no Ciclo do Ouro* é obra que precisa ser lida nas entrelinhas, procurando chegar à compreensão do que nela se acha apenas sugerido.

A realidade dos três tipos de associações religiosas isoladas pela impossibilidade de convivência entre si era conseqüência do que acontecia na base social, geradora das formas de comportamento e das agremiações decorrentes. O ensaio de Fritz Teixeira de Salles impõe-nos a perspectiva de olhar através do espelho. É um estudo de caso que nos possibilita contemplar objetivamente, mais forte e mais nítido, o vasto panorama da diversidade das relações humanas característico do período da mineração. Nos primeiros tempos, quando a colônia ainda constituía o espaço da aventura, o intercâmbio étnico se produzia sem restrições. À medida que o poder do dinheiro começa a bafejar setores melhor situados da cadeia produtiva, o sentimento da riqueza passa a relacionar-se com a questão da pureza do sangue, e o princípio da segregação surge como norma a ser observada. O acompanhamento da evolução das corporações religiosas permitiu que o analista indicasse com exatidão o momento em que o problema se aguçou a ponto de a convivência tornar-se impossível. A luta intestina estabelecida na irmandade do Rosário do Alto da Cruz, de pretos e brancos, terminou com a expulsão em 1743 do contingente branco, que saiu para criar nova agremiação, a Rosário dos Brancos, na Capela de Padre Faria. Na metade do século, o distanciamento entre as organizações de negros do Rosário, de Santa Efigênia e das Mercês e as de branco do Carmo e de São Francisco já havia atingido grau extremo de radicalização. Nessas últimas, a depuração se fazia pelo controle das admissões. Rigoroso cadastro informativo sobre a vida e as atividades dos pleiteantes, interrogatórios, recomendação de irmãos e a exigência de pesadas contribuições asseguravam o ingresso só de pessoas de alta estirpe.

Os resultados positivos da utilização das irmandades como suporte para a compreensão do século XVIII são decorrentes da indiscutível relevância dessas organizações dentro da dinâmica do tempo. Elas constituíam, praticamente, o único instrumento com base legal disponível para a população que ambicionava ter garantido o direito de associação e, conseqüentemente, relativo poder. Sabará chegou a contar com cerca de mil filiados na Ordem Terceira do Carmo. Os benefícios prestados a irmãos foram sempre resultado de reivindicação, não de concessões paternalistas. A grande representatividade alcançada pelas corporações as tornou de utilidade para a Coroa, que delas se valia para transferir à população certas responsabilidades, desonerando-se de obrigações financeiras fundamentais, como a construção de templos ou cemitérios, e da prestação de serviços de assistência social e securitária. As entidades de brancos, mais poderosas economicamente, chegaram a funcionar como casas bancárias, emprestando dinheiro a juro, até para o governo. Crescendo em importância, as ordens terceiras superpuseram-se às matrizes, que entraram em decadência.

Em notas deixadas para aproveitamento numa segunda edição de *Associações Religiosas no Ciclo do Ouro*, exatamente esta que agora se efetiva, Fritz procurou adensar o exame da composição dos vários tipos de agrupamentos, cuja complexidade estava longe de sugerir a existência de blocos rígidos e estaticamente bem definidos. Estudando a confraria de São Francisco, que reunia representantes da elite, ele chama a atenção para as correntes conflitantes ou diversificadas de escritores que a integravam. Lá dentro, estava se impondo a divergência entre os representantes do barroco e os do neo classicismo, que iria determinar a escrita despojada e graciosa do rococó. No capítulo "Batalhas Judiciais", aprofundando o exame dessa mobilidade interna das irmandades, revela que às vezes, com o passar do tempo, elas mudavam de comportamento. Também ocorriam perdas e conquistas de *status* entre corporações, como se deu com as do Santíssimo Sacramento, que acabaram suplantadas pelas do Carmo e São Francisco, enriquecidas em seus quadros por comerciantes e intelectuais. Fato relevante foi a ascensão social dos pardos-livres, que produziu mudança significativa na correlação de forças sociais nos últimos trinta anos do século. Essas transformações nunca se davam de forma previsível. Trabalhadas por contradições heterogêneas e muito mescladas, as organizações evoluíam em cada caso com dinâmica própria, naturalmente por serem integradas por seres vivos. As oposições básicas, de ajuntamentos isolados de brancos e de negros, entravam em recesso quando se tratava da confrontação entre a colônia e a metrópole.

O Museu da Inconfidência, ao participar desta edição de *Associações Religiosas no Ciclo do Ouro*, sabe que está contribuindo para tornar mais acessível à intelectualidade brasileira de maior amplitude uma obra que nunca deixou de ser procurada pelos estudiosos, como comprovam as referências que dela são feitas em trabalhos acadêmicos ou em numerosos outros textos de interpretação do século XVIII no Brasil. E assim procede com o interesse de entidade vinculada ao Instituto do Patrimônio Histórico e Artístico Nacional, repartição de origem de Fritz Teixeira de Salles. O ensaio nasceu de pesquisa realizada na Diretoria Regional de Minas Gerais, quando o autor ali servia sob as ordens de outro intelectual de porte, Sylvio Vasconcellos, que também lançou luzes definitivas de interpretação do passado de Minas Gerais.

Numa edição que tem o seu lado celebrativo, porque deseja ressaltar o significado de um livro pioneiro e fundador, não podemos nos furtar a uma referência sobre a personalidade de Fritz Teixeira de Salles, intelectual de múltiplos recursos e figura humana das mais originais, de imaginação quase delirante, inteligência e vivacidade permanentes, que marcou de forma indelével o panorama mineiro de uma época. Professor universitário, poeta, ensaísta literário, estudioso do cinema, historiador, em todos os campos em que atuou, deixou o sinal do seu talento. Duas dedicações fundamentais constituíram seu interesse permanente, a utopia da revolução libertadora do homem submetido ao poder escravizador do capital e o desejo de se aprofundar no conhecimento do Brasil, mais particularmente de Minas Gerais. Um trecho da introdução de *Associações Religiosas no Ciclo do Ouro* mostra que o embate com a realidade era o indesviável caminho pelo qual optou por enveredar:

> Pessoalmente, pensamos que é na análise objetiva do passado de um povo, na sua lenta e constante fermentação social, que estua, latente, o significado maior da sua maneira de ser, trabalhar, sentir, amar e crescer, para dirigir conscientemente o seu futuro e os feitos fundamentais desse futuro que se deseja pleno e rico de triunfos concretos. E hoje – grandes e respeitáveis autores já o demonstraram – é no estudo da vida que se faz a história. Precisamos nos conhecer a nós mesmos e não será relembrando guerras e batalhas, datas e fatos da cúpula política dos acontecimentos de outrora, que poderemos ter consciência bastante clara e realística do que somos e poderemos vir a ser. É na vida e na sua ebulição incessante que plange a realidade. É buscando e analisando sem cessar esta vida, que poderemos clarificar tantas e tão profundas trevas como as que ainda nos povoam e nos sufocam.

Fritz Teixeira de Salles, Historiador

Caio Boschi

O surgimento da segunda edição de *Associações Religiosas no Ciclo do Ouro* com licença do lugar-comum, é fato de relevância singular. Obra impactante, de divulgação até agora limitada à forma original, sua circulação era restrita, transformada que foi em raridade bibliográfica.

Da referida relevância, muitos e melhor já o disseram. O que pretendo assinalar, sumariamente, é a vertente de historiador de Fritz Teixeira de Salles. Autodidata; cinéfilo; leitor voraz, sobretudo de poesia; ele próprio, poeta, Fritz, com auto-proclamada reserva, cultivou também o ensaísmo, gênero no qual não se projeta apenas com *Associações Religiosas*, publicado em 1963, mas também com *Literatura e Consciência Nacional,* de 1973. Sem esquecer de incluir nesta categoria o vigorosamente historiográfico *Vila Rica do Pilar* (1965). Todos eles testemunhando projeto de investigação mais ambicioso e acalentado pelo autor: o da análise *dialética* do denominado e controvertido barroco mineiro.

O pendor pelo estudo da história, certamente Manoel Frederico Teixeira de Salles o adquiriu cedo. Não tivesse sido ele entusiástico militante político. Militância que o levou à clandestinidade, mas que igualmente fez dele um dos ativos artífices da Universidade de Brasília em tempos de Darcy Ribeiro e imediatamente após. Pendor que o conduziu a ter sempre como preocupação intelectual a detecção das raízes da formação da *consciência nacional* brasileira. Pendor que se expressa, ainda, a partir de 1946, nas suas atividades de perito em belas artes e de conservador, na Delegacia Regional de Minas Gerais, da Diretoria do Patrimônio Histórico e Artístico Nacional – DPHAN.

É ali que Fritz desenvolveu pesquisas e conviveu com outros devotados operadores da investigação histórica. No corpo do texto e nas notas de rodapé de *Associações Religiosas,* ficam registrados os autores e os companheiros de trabalho no **Patrimônio,** aos quais Fritz faz referência e agradecimentos e explicita dívidas e contribuições para a sua obra historiográfica: Sylvio de Vasconcellos, a quem *Associações Religiosas* é dedicado, Salomão de Vasconcellos, Cônego Raimundo Trindade, Francisco Antônio Lopes, Geraldo Dutra de Morais, Antônio Morais e Assis Alves Horta, para citar apenas os que lhe são mais próximos nos quadros daquele órgão. Aliás, refira-se, *en passant*, à carência de estudos respeitantes à historiografia perpetrada pelos pesquisadores vinculados ao SPHAN, à DPHAN, ao IPHAN.

Idênticas menções e expressões de sentimentos Fritz exterioriza relativamente a autores que eram do seu convívio e com os quais manteve laços de amizade e forte identidade no trabalho investigativo, como Zoroastro Vianna Passos, Aires da Matta Machado Filho e João Camilo de Oliveira Torres. Ou aqueles que o precederam na pesquisa sobre as irmandades, dos quais, pelo menos um, Furtado de Menezes, Fritz guardava acentuada distância ideológica, mas, por cujo trabalho não escondia sua reverência. Dos seus antecessores no tratamento da temática, admiração maior, no entanto, Fritz Teixeira de Salles teve-a em Diogo de Vasconcellos. Deste, assimilou idéias que adensou e ampliou, transformando-as em motes nucleares de sua análise: o processo de estratificação social nas Minas Gerais coloniais e a marca de permanentes conflitos entre as irmandades locais. Idéias, em boa verdade, que, mais bem elaboradas, Fritz iria haurir em Sylvio de Vasconcellos.

Conhecendo, pois, o que tinha sido escrito sobre as irmandades, as confrarias e as ordens terceiras das Minas Gerais setecentistas, não foi difícil ao sensível e arguto Teixeira de Salles perceber que os estudos que até então se tinham realizados circunscreviam-se, grosso modo, a aspectos religiosos, à descrição ou à narrativa em torno das construções dos templos e capelas ou à análise de aspectos e valores estéticos das obras de arte, das mais diferentes naturezas, adquiridas por aquelas agremiações. Alargou horizontes. Cunhou assertivas que se perpetuaram, sendo, talvez, a principal a de que não se pode estudar

> a evolução social de Minas, suas peculiaridades, sua dinâmica própria, suas projeções históricas, sua influência no comportamento social e político da coletividade mineira contemporânea, sem, antes de tudo, estudar a história das irmandades religiosas. Constituíram estas a mais viva expressão social da capitania, da província e mesmo do estado (p. 181).

Não se lhe escapou, portanto, a necessidade de, tendo em conta tais diretrizes, buscar o entendimento dos vetores que subjazem ao vigor e à vitalidade das mencionadas associações. Entender que, pelo estudo ou com o estudo das irmandades, chega-se à percepção das estruturas básicas da sociedade colonial mineira, do processo de aglutinação social e dos antagonismos por ele engendrados. Nas palavras do autor: "procurar alguma base concreta através da qual possamos estudar a significação social dessas associações e sua relação, extrínseca ou intrínseca, com o processo de estratificação das classes sociais durante o século XVIII" (p. 47).

Para realizar seu propósito, enfocou a história como processo e procurou captá-la na análise da formação e da evolução econômico-social de Minas. Afirmava que

> é no estudo da vida que se faz a história [...]. É na vida e na sua ebulição incessante que plange a realidade. É buscando e analisando

sem cessar esta vida, que poderemos clarificar tantas e tão profundas trevas como as que ainda nos povoam e nos sufocam. E é neste respeito à vida e seus ensinamentos que poderemos trabalhar os métodos de interpretação histórica mais avançados dos nossos dias, como o materialismo histórico [...]" (p. 44).

Profissão de fé! Clara opção historiográfica! Lição de história: a de que, nesta, o que interessa perceber e analisar são as contradições e as diferenças, não as afinidades.

O resultado do trabalho de Fritz Teixeira de Salles se traduziu em original e instigante texto, tornando-se, desde então, obra de consulta incontornável, seja para o conhecimento do tema-objeto que o título anuncia, seja, principalmente, para boa compreensão da realidade sócio-histórica mineira, tanto do XVIII como dos séculos posteriores.

Sua formação e sua orientação marxista foram aí essenciais. Postura que o autor patenteia, quer declarando-a implícita ou explicitamente, quer tomando-a como permanente ferramenta para construção de suas interpretações. Lançando-se à escrita da história, seu conceito dessa área do conhecimento fica enunciado, perpassa todo o texto e se consagra na sua frase final: pois conhecer a vida passada sempre foi uma forma de compreender o presente, criando o futuro. (p.182)

Não se trata de mera peroração. O que já seria importante e suficiente. Com efeito, nas conclusões de *Associações Religiosas no Ciclo do Ouro,* Fritz Teixeira de Salles tece considerações bem mais abrangentes em torno daquelas entidades. Ali, o autor ousa ilações que transcendem o objeto específico de sua análise. À página 178, arrisca e conjectura, ratificando seu compromisso e sua perspectiva política:

> Através do estudo das ordens terceiras e confrarias do século XVIII, do processo de luta pela conquista de alguma coisa, por uma vida melhor expressa na conquista material de uma economia superior – quando luta pela industrialização, por exemplo – esta sociedade, em pleno movimento de ascensão, tende para postulados e conceitos mais liberais e amplos. É, por assim dizer, uma sociedade aberta.

Curioso e sintomático que, como bom praticante da dialética, Teixeira de Salles se utilizou dessas palavras para se referir à realidade que ele interpretara como sendo absolutamente antitética àquela que estudou.

Aliás, no conjunto da obra deste "homem que repensava as idéias adquiridas, para substituí-las por outras que surgissem de sua reflexão e de seu amor à liberdade e à justiça"[1], em texto póstumo e encomiástico que lhe destinou Carlos Drummond de Andrade, o materialismo histórico tecia o fio condutor e conferia suporte e consistência às suas ações políticas.

Da concepção de história que abraçou e advogava, tendo-a como parâmetro, Fritz apontou algumas facetas que denotam e exemplificam o entendimento da história a partir da identificação e da caracterização das estruturas e de suas contradições. Rechaçou peremptoriamente tê-la numa perspectiva fatual, linear e anódina. A proposta de Fritz se apresenta como práxis sociológica, que, segundo ele, era instrumento introdutório à compreensão da história. Consciente do inusitado de que se revestiam suas interpretações, proclama que adotara e incorporara o materialismo histórico como método científico e não como "um sistema sectário de análise".

Por conseguinte, medrou esforços com vistas a captar e a evidenciar para seus leitores as contradições, os antagonismos e a conflitualidade inerentes a uma realidade social abrigada pelo antigo sistema colonial. E o faz apontando e analisando o caráter da sociedade escravocrata, a apropriação político-ideológica das irmandades promovida pela Coroa portuguesa e a condição dessas entidades serem espaço e instrumento de sociabilidades e de reivindicações, sobretudo por parte daquelas constituídas por negros.

É compreensível que tenha cometido deslizes, como, por exemplo, na avaliação crítica que fez do significado do catolicismo no processo de aculturação religiosa dos negros e, principalmente, na africanização do catolicismo colonial mineiro. Até porque sua abordagem ultrapassa os aspectos aos quais aqui se faz

---

1. R.T. de Salles (org.), Suplemento Literário Especial

simples menção. Demais, por pretender abarcar espaço temporal mais elástico, Teixeira de Salles percorreu o insidioso território da periodização histórica e, à semelhança e sob inspiração do que fizera Sylvio de Vasconcellos em *Vila Rica: Residências* (1956), sobretudo no segundo capítulo "O Meio Social", e no artigo sobre a *Arquitetura Colonial Mineira* (1956), desenvolve sua análise das irmandades setecentistas a partir de quatro e bem caracterizadas *fases*.

Por outro lado, para levar a cabo sua empreitada, Fritz não apenas absorveu quanto da literatura especializada na temática e seus corolários se tinha produzido, como se utilizou de considerável número de fontes primárias. Quanto a estas, no quatriênio que antecedeu à redação do livro, isto é, entre 1956 e 1960, compulsou cerca de cem *compromissos*, textos normativos que inauguram formalmente as irmandades (p. 45). Tais documentos, Fritz os conhecia bem, por força de suas funções na DPHAN. Consultou, ainda, arquivos de igrejas, especialmente as de Ouro Preto, de Mariana, de São João Del Rei, Sabará e de Diamantina, cidade que lhe inspiraria, com incontida emoção, o seu poético e vigoroso *Dianice-Diamantina* (1980). Basicamente, a documentação primária que lastreou suas análises foram os compromissos. Tivesse se voltado para os demais livros de registros internos da vida confrarial, a robustez e densidade de suas pertinentes assertivas ganhariam sobremaneira. Mas, tais ausências não lhe retiram os méritos.

Enfim, a contribuição historiográfica de Fritz Teixeira de Salles com o *Associações Religiosas no Ciclo do Ouro* não se limita à originalidade na abordagem do tema, à riqueza e diversidade das fontes primárias e secundárias consultadas. Generoso, ele agregou às suas interpretações preciosos quadros sinóticos dos sodalícios coloniais mineiros, bem como apontou sugestivas veredas para novos trabalhos. No entanto, a opção pelo tratamento do tema à luz de uma concepção historiográfica até então pouco exercitada pelos estudiosos das Minas Gerais setecentistas é traço que não deve ficar obscurecido neste livro sempre atual. Traço este que pretendeu ser a motivação inspiradora destas poucas linhas, modesto tributo a um autor e a uma obra incontestavelmente admiráveis.

Fritz Teixeira de Salles, Desbravador de Caminhos

Cristina Ávila

"Precisamos da história, mas não como precisam dela os ociosos que passeiam no jardim da Ciência"

Nietzsche

O pioneirismo das Gerais – As Associações Religiosas no Ciclo do Ouro

Fritz Teixeira de Salles se dedicou profundamente aos estudos das irmandades e ordens terceiras em Minas Gerais, em livro editado pela primeira vez em 1963, pelo Centro de Estudos Mineiros da Universidade de Minas Gerais.

Ligado aos estudos então mais recentes da história social na França, Teixeira de Salles tinha predileção pelo teórico Georges Lefebre. Suas interrogações se apoiavam, mesmo implicitamente, sobre o sucesso da escola sociológica francesa ilustrada. Num período dominado pelas conquistas de uma história econômica de fundo marxista, Fritz se enveredou pelo caminho do questionamento histórico em direção ao estudo dos grupos, das classes, da sociedade, como se discute na escola dos *Annales*.

Os sucessores dos *Annales*, como Lefebre, seguem uma definição da história social que tem como base operatória os objetos, os grupos sociais, a sua estratificação e as suas relações. Será este, ao meu parecer, o arcabouço em que se apóia Fritz Teixeira de Salles ao realizar a exaustiva pesquisa contida em seu trabalho mais profícuo, as *Associações Religiosas no Ciclo do Ouro*.

Isso partindo de uma narrativa sobre a tipicidade da formação social da capitania mineira. O isolamento do litoral e a sede de enriquecimento fácil caracterizaram o desenvolvimento de uma sociedade de traços mais urbanas, em que vilas e lugarejos possuíam vida própria, distantes que estavam do reino.

Sua primeira lição, repetida inúmeras vezes em estudos históricos subseqüentes, ressaltou que foram principalmente as ordens terceiras religiosas e irmandades de leigos os maiores aglutinadores (ou, como diríamos modernamente, patrocinadores) de toda ou quase toda a atividade artística da capitania. Assim, só seria possível o estudo da história social do período, especialmente a de caráter religioso, se tivéssemos em mente o papel fundamental das instituições leigas nas Minas Gerais. E deve-se acrescentar que o Estado absolutista português impõe à capitania mineira uma política religiosa que se iniciou e se caracterizou pela proibição da entrada e da fixação das ordens religiosas regulares no nosso território.

Para o historiador, a organização da população através de irmandades e ordens terceiras se faz como que determinante da segregação racial da sociedade. Existiam irmandades de negros, brancos e mestiços que competiam religiosa, social e esteticamente. Através dessas instituições religiosas leigas, consolida-se o imaginário popular e toda uma variedade de possibilidades de estudos de ordem social, artística, econômica e outras, fundamentais para a compreensão histórica das tensões existentes em Minas Gerais colonial.

Por outro lado, a necessidade do providencialismo divino possibilitou o surgimento, em todas os lugarejos e vilas mineiros, de uma série de figuras piedosas, santos e lendas de invocação católica, determinando uma forma original de religiosidade, mais afetiva e popular, cujos reflexos são tão enunciados nos templos, como ressalta Fritz a distinguir os estudos do já clássico Sylvio de Vasconcellos.

Cabe destacar que apesar das perspectivas barrocas da arte do tempo, Fritz avançou no discurso histórico teórico, baseado em um estudo exaustivo de fontes primárias, os livros de estatuto das irmandades, e se estendeu na leitura de seus predecessores, que tinham um caráter ainda mais pitoresco na análise, como Diogo de Vasconcellos, Zoroastro Passos, Furtado de Menezes, Cônego Raimundo Trindade e outros.

Distingue ainda o velho Salomão de Vasconcellos, em *Mariana e Seus Templos*[1], Aires da Matta Machado, o estudo de documentos publicados na antiga *Revista do Arquivo Público Mineiro* e, em especial, nas *Ephemérides Mineiras*.

Debruça-se sobre o Código do Direito Canônico, de 1917, que divide e identifica as diferenças e semelhanças entre as chamadas irmandades, confrarias, arquiconfrarias e uniões primárias, dando as diretrizes básicas do funcionamento desses diversos organismos complementares da vida religiosa no ciclo do ouro.

Enfoca toda a formação institucional das irmandades e ordens terceiras, como alguns dados sobre a instalação do clero em Minas e suas especificidades. Demonstra erudição na definição dos conceitos indo até a Grécia para explicar o sentido da tão usada palavra *paroquial*:

> A palavra paróquia, por sua origem etimológica grega, significa conjunto de casas vizinhas. À página 194 das *Ephemerides Mineiras* (vol. 1), afirma Xavier da Veiga existir uma carta régia, de 9 de novembro de 1712, pela qual se pode constatar que já havia em Minas, nesta época, mais de vinte igrejas providas de paraochos, embora cobertas de colmo[2].

E segue citando as diversas paróquias criadas em Minas por D. João VI, revelando que a de Mariana seria fundada em 1704. Com relação ao caráter devocional dessas associações religiosas, enverada pelo caminho do direito ao patronato. Observa que quem

---

1. Reproduzimos aqui o tom amistoso com que o autor fala de seus antecessores, o que era natural em toda a sua obra crítica ou ensaística.

2. Colmo se refere às coberturas de pequenas cabanas e edificações com uma espécie de palha, conforme o *Dicionário Aurélio*.

edificava e organizava uma igreja obtinha o direito de padroeiro
– *Patronum faciunt dos, aedificatio, fundus*. A irmandade fundadora
da igreja possuía o direito "e de procedência nas cerimônias do
culto e procissões".

Após a primeira introdução histórica, já se conduz em direção ao
estudo do racismo, dentro das irmandades, distinguindo a posição
das instituições leigas de negros dentro das matrizes, ocupando
os altares laterais.

Sobre a discriminação racial e o ciclo do ouro, divide o século XVIII,
com sua referência até a Independência, em quatro períodos:

– de 1700 a 1720;
– de 1720 a 1740;
– de 1740 a 1780;
– de 1780 a 1820.

A primeira fase operaria a vasta miscigenação racial, promovendo a
imediata eclosão do mulato. Este ainda não constituindo uma camada
definida socialmente, embora numerosa. O segundo período mostra
que ainda há uma precedência de irmandades de brancos. O terceiro
período seria o mais ativo das ordens religiosas, com grande número
de pardos, mas com uma desmedida ascensão das irmandades de
brancos, sendo para o autor essa a verdadeira idade de ouro das
irmandades de São Francisco e do Carmo (ambas de brancos). É
nesse período também que se verificaria a grande influência dessas
associações na sociedade mineradora. O último período já propõe
uma decadência das associações com regimentos paradoxais e
pouco consistentes, típicos das fases de decadência econômica.

Poderíamos enumerar os documentos em que o autor revela o
preconceito social e racial existentes no seio das irmandades, mas
cabe aqui apenas nos referir ao rigor dos princípios estatuários e
a disciplina coletiva bastante severa. Os termos como *limpos de
sangue* e nações *infectas*[3] já dizem muito sobre o comportamento
da estratificação social através da raça nas Minas Gerais.

No segundo capítulo, Fritz se adentra pelas categorias sociais e

---

3. Termos freqüentemente vistos na documentação pesquisada pelo autor.

econômicas das irmandades. Na série de documento aí transcrita, verificam-se as jóias doadas de entrada pelos diversos irmãos para freqüentarem uma irmandade, doações não só essenciais do ponto de vista de participação social da sociedade, mas também pelo caráter de assistencialismo terreno e celeste (os sufrágios), no caso da morte. Os bens do candidato, se possível um vasto cabedal, representavam uma tentativa de se evitar a aquisição de dívidas e, muitas vezes, faziam da associação uma entidade que atuava como bancos, emprestando dinheiro e fazendo cobranças. Assim, o tesoureiro devia funcionar como um contabilista.

Em seguida, sua descrição social da sociedade de Minas revela os elos e diferenças entre as mesmas irmandades em cidades diferentes e o interesse do Estado. Trata aí de forma mais ampla da estrutura orgânica, como adequação ao meio da época. O autor se volta com um interesse peculiar para o período em que o livro foi escrito, também visto em Affonso Ávila, o qual já destacamos. Há no estudo um diálogo intelectual inicial mas de certa forma vigoroso sobre as mentalidades em formação, os princípios familiares e o espírito religioso mais devocional do que teológico. Como fundamentação a esses argumentos, Fritz usa justamente a instituição do sufrágio e a incapacidade da Coroa de conduzir de forma racional a economia do período, que agia através de experimentações e ações voltadas aos sistemas tributários.

A série documental que analisa em seguida denuncia as batalhas judiciárias das diversas irmandades. Essas eram na maior parte conflitos entre as irmandades e entre irmandades e matrizes. Eles diziam respeito desde a construção de templos até a conflitos cerimoniais que julgavam irmandades contra matrizes pela execução das procissões e outras festas de caráter religioso, que eram o elo lúdico do mundo barroco, entre a opressão social das diversas classes ou estamentos e a justa satisfação da libido da sociedade.

A conclusão do texto ganha contornos quase literários e pitorescos, resume os aspectos abordados mas deixa inúmeras dicas, para pesquisas posteriores que de fato ocorreram. Fritz ao longo de todo o livro não se permite esquecer de nenhum aspecto que viria a ser estudado por seus seguidores, trata de assuntos e grupos sociais, das realidades econômicas, da vida cultural, das mentalidades, da arquitetura e da arte. As tabelas finais mostram que o autor foi rigoroso em seus estudos, usando a estatística em formas quantitativas que identificam a situação das irmandades nas principais vilas coloniais – Ouro Preto, Mariana, São João del Rei e Sabará.

Seu estudo tem validade ainda pela contemporaneidade e permanência do tema, sempre revisitado por estudiosos em todo Brasil e mesmo no mundo. O barroco mineiro vem sendo ainda estudado nos últimos anos a partir de pressupostos relacionados às teorias da visibilidade pura, ou a partir de uma preocupação formal que lista, classifica, identifica autorias e obras de arte.

Sem querer desconsiderar essas investigações, verificamos que a incidência desses trabalhos, de meritória relevância para a história da arte do período, vem relegando a planos secundários a vasta documentação literário-religiosa aí circulante ou produzida. Após os estudos críticos da literatura (Gregório de Mattos), da sociedade e da mentalidade barroca elaborados por Fritz Teixeira de Salles (ver lista em anexo), o autor chega a um substantivo ganho na historiografia de Minas Gerais. Muitos o citaram, outros menos éticos o copiaram, mas sua obra esta aí generosa e livre para reconsiderações e estudos posteriores por ele próprio aventados.

Com relação à teoria sobre o barroco mineiro e o período colonial existe extensa e clara bibliografia. Temos textos considerados clássicos no que se refere à cultura mineira da época, em que autores como Lourival Gomes Machado, Mário de Andrade, Germain Bazin e Sylvio de Vasconcellos tratam a arte barroca em variadas vertentes. Além desses, outros textos também clássicos nos falam da economia, política, sociedade e mentalidade do tempo, de estudiosos como Boxer, Eduardo Frieiro, Caio Prado Junior, Sergio Buarque de Holanda, Affonso Ávila etc.

Quanto à história da Igreja no Brasil, temos José Ferreira Carrato, Eduardo Hounnaert, Julita Scarano, além do estudo que ora comentamos de Fritz Teixeira de Salles, e o brilhante trabalho sobre irmandades e ordens terceiras em Minas Gerais de Caio

Boschi. Ressaltamos ainda a obra *Os Desclassificados do Ouro*, de Laura de Mello e Souza, que retrata com bastante propriedade o cotidiano que impregnou o período. Entre as gerações mais novas temos Adalgisa Arantes Campos, Selma Mello Miranda e Cristina Ávila, que retratam vertentes variáveis da arte, da mentalidade, da sociedade e da arquitetura do período.

Todos os historiadores que citamos e muitos outros que deixamos de lado se beneficiaram da obra de Fritz. Consideram-no essencial, um belo arcabouço teórico para a abordagem da questão da capitania mineira no período colonial, como podem comprovar as citações de dois clássicos e essenciais autores: Affonso Ávila e Caio César Boschi.

Affonso Ávila, tratando a cultura do ciclo do ouro em suas vertentes lúdicas, como as festas do Triunfo Eucarístico e Áureo Trono Episcopal, cita no livro *Resíduos Seiscentistas em Minas* a ênfase visual que havia no período:

> Dentre os mais preciosos estatutos, destaca o ensaísta (Fritz) os pertencentes às Ordens Terceiras de São Francisco e de Nossa Senhora do Carmo, ambas da cidade de Mariana, sendo o da primeira um documento alentado em páginas, trabalhado e desenhado com requintes plásticos e o dos irmãos do Carmo confeccionado com raro cuidado e belo desenho barroco na página de rosto[4].

Um discípulo ilustre de Fritz Teixeira de Salles, o Prof. Caio Boschi, ao realizar seu livro *Os Leigos e O Poder*, distingue-o em sua revisão bibliográfica com grande espírito ético, seriedade e notória competência. Destaca o trabalho de Teixeira de Salles como um ensaio pioneiro e essencial para aqueles que desejam conhecer a realidade da sociedade mineira colonial:

> O principal mérito da pesquisa de Teixeira de Salles é o de ter chamado atenção para a relevância do tema. [...] a par disso e de ter sido publicado há duas décadas, permanece como a melhor análise sobre o conjunto das comunidades leigas mineiras do século XVIII e como a fonte mais sugestiva para novas abordagens do tema[5].

---

4. A. Ávila, *Resíduos Seiscentistas em Minas*, p. 111.
5. C.C. Boschi, *Os Leigos e o Poder*, p. 56.

Homem de diversos labores, exaustivo pesquisador, poeta de sensível compreensão pelas dores humanas, merece não apenas a reedição deste livro e deste pequeno ensaio crítico que ora escrevemos, mas constar regularmente das historiografias mineira e brasileira, devendo ser lido por todos que desejam se adentrar na vida literária, acadêmica ou ensaística.

Hoje, mais que um estudo de quatro décadas atrás, mostra-se um sério exercício de exploração de fontes primárias e secundárias, com base na teoria de Georges Lefebre. Não é um impressionista relato de fatos ao acaso e, ainda que se prenda em alguns momentos em liberdades literárias, sua leitura não é fácil nem se perde num empirismo excessivo. É uma lição de procurar, ver, ler, correlacionar, analisar e bem escrever, virtudes que a metodologia moderna vem deixando cada vez mais de lado.

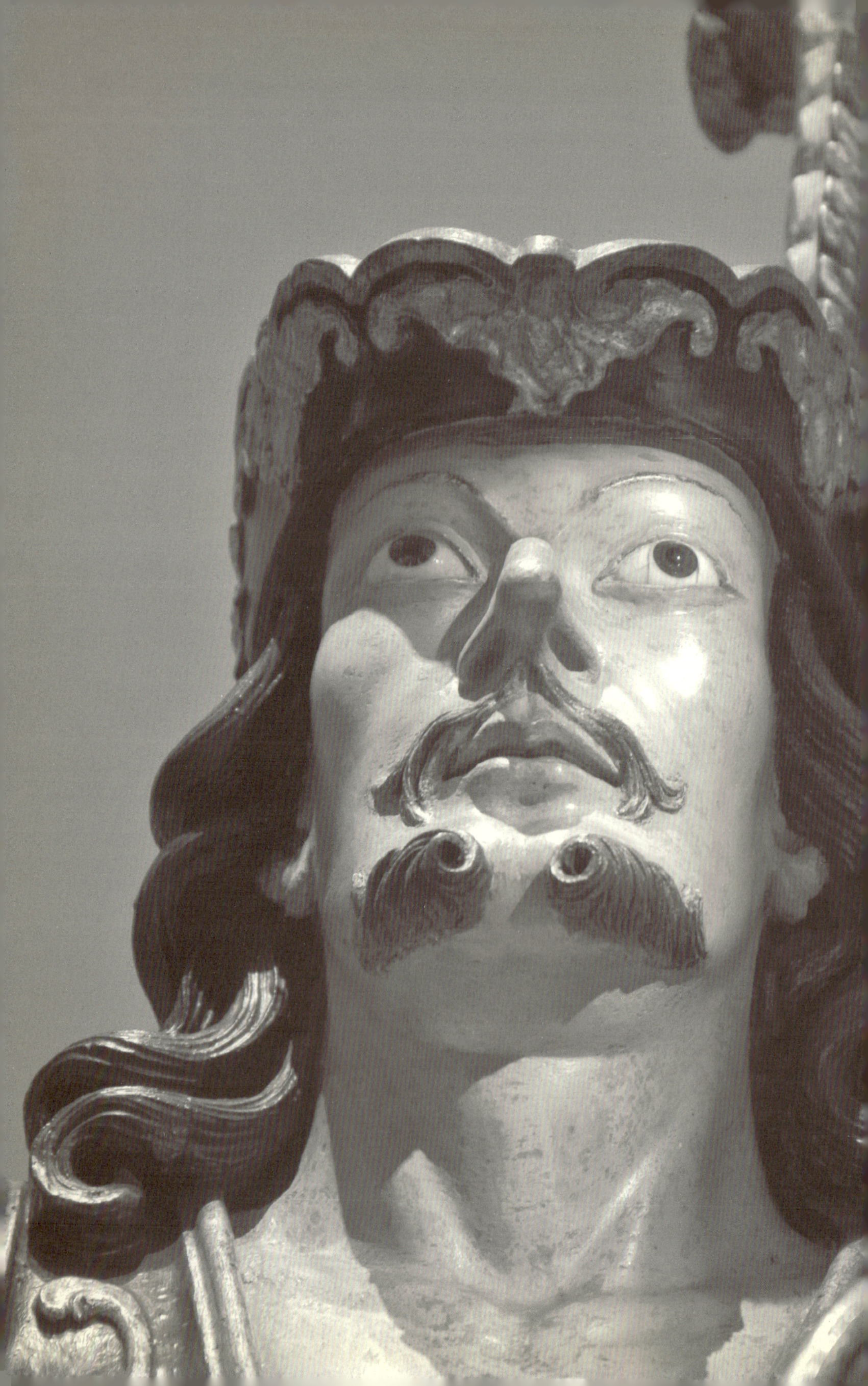

ASSOCIAÇÕES RELIGIOSAS
NO CICLO DO OURO

Introdução ao Estudo do Comportamento
Social das Irmandades de Minas no Século XVIII

*Para Sylvio de Vasconcellos,
de cujas interpretações
sobre a história de Minas
nasceu esta pesquisa.*

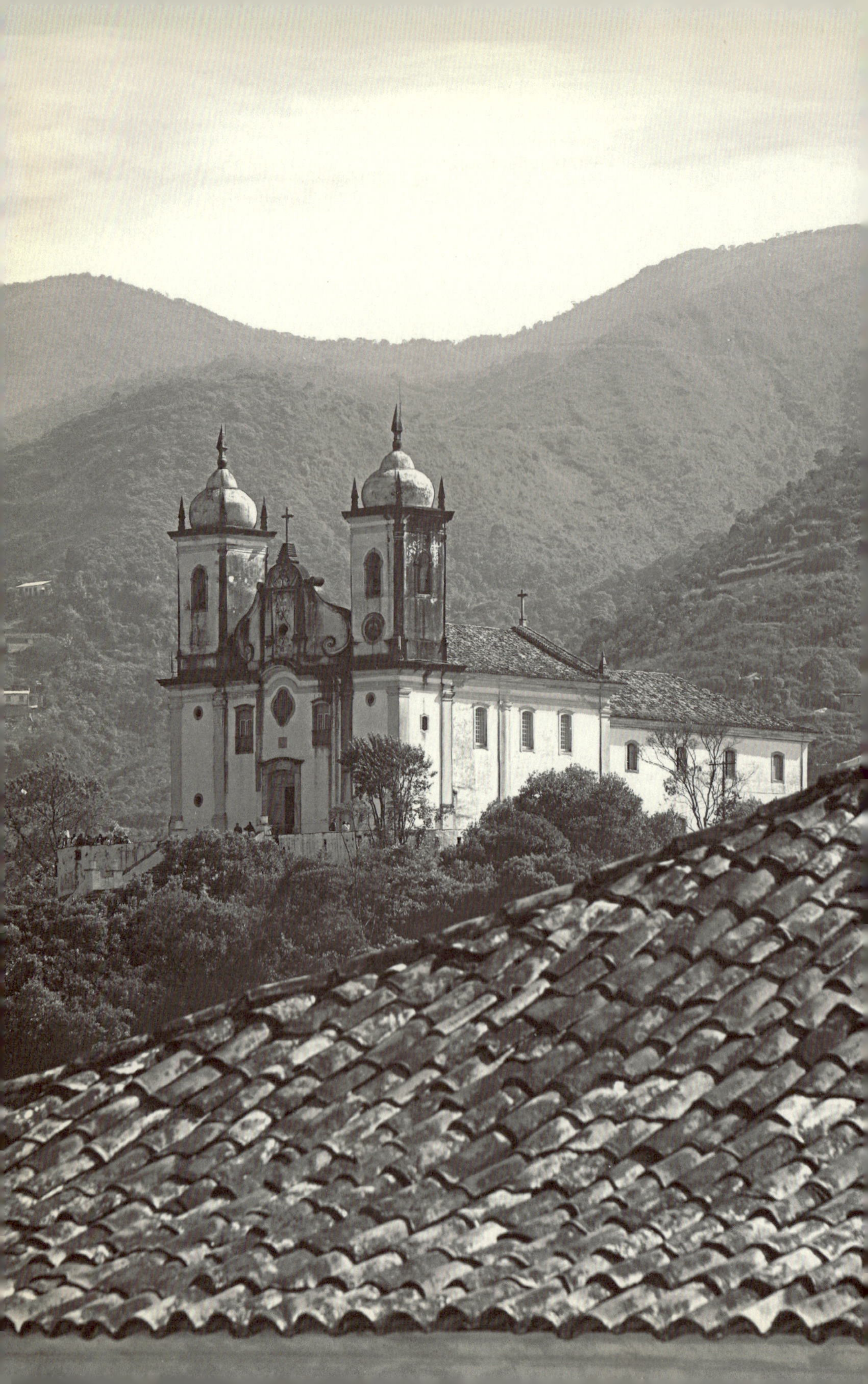

Introdução à 1ª Edição

Amplo e rico é o documentário relativo à história de Minas, ainda pouco estudado pelos especialistas. Curiosos aspectos da nossa vida passada permanecem inéditos ou, pelo menos, não lhes dedicaram os nossos mestres, até agora, maior atenção. A evolução social, por exemplo, com seus imprevistos que fogem aos esquemas mais ou menos preconcebidos, suas peculiaridades características e, não raro, distintas de outras regiões do país; o processamento da vida social, suas determinantes, causas e movimentos, a vida, enfim, dos agrupamentos sociais durante os séculos XVIII e XIX em Minas, tudo isso tem despertado, em geral, pouca atenção aos estudiosos da nossa história e de suas fases mais significativas. É que estes historiadores, até agora, dedicaram-se mais aos eventos políticos principais, às lutas decorrentes da mineração e à história administrativa, cuidando dos aspectos sociais da nossa evolução apenas em plano secundário.

Nos últimos anos, porém, já se nota um evidente interesse pelo estudo dos ângulos sociais do processo formativo da sociedade mineira.

Todavia, também nos historiadores passados, embora pouco preocupados com os problemas que na atualidade marcam e sulcam o pensar contemporâneo, encontramos, freqüentemente, ensinamentos e sugestões que estão pedindo maior atenção.

Pessoalmente, pensamos que é na análise objetiva do passado de um povo, na sua lenta e constante fermentação social, que estua, latente, o significado maior da sua maneira de ser, trabalhar, sentir, amar e crescer, para dirigir conscientemente o seu futuro e os feitos fundamentais desse futuro que se deseja pleno e rico de triunfos concretos. E – hoje grandes e respeitáveis autores já o demonstraram – é no estudo da vida que se faz a história. Precisamos nos conhecer a nós mesmos e não será relembrando guerras e batalhas, datas e fatos da cúpula política dos acontecimentos de outrora, que poderemos ter consciência bastante clara e realística do que somos e poderemos vir a ser. É na vida e na sua ebulição incessante que plange a realidade. É buscando e analisando sem cessar esta vida, que poderemos clarificar tantas e tão profundas trevas como as que ainda nos povoam e sufocam.

E é neste respeito à vida e seus ensinamentos, que poderemos trabalhar os métodos de interpretação histórica mais avançados de nossos dias, como o materialismo histórico, por exemplo, livres do perigo de cair nos esquematismos estéreis e cegos que obliteram e ofuscam a razão clara dos fenômenos e suas ressonâncias ou projeções.

O fator econômico como determinante principal dos fenômenos históricos deve e pode ser usado como o método analítico e nunca como esquema preconcebido que se pretende impor arbitrariamente à realidade estudada. Em todo o decorrer dessa pesquisa, jamais tivemos em mente qualquer princípio ideológico, mas uma absoluta e até talvez exagerada fidelidade ao documento em si, à sua significação como manifestação da vida dos habitantes de Minas do século XVIII. A parte conclusiva do trabalho, redigida muitos meses após toda a pesquisa, foi colocada, naturalmente, no fim do ensaio, e este poderá, até mesmo, ser lido sem aquele capítulo final.

De qualquer maneira, porém, tanto no corpo da pesquisa, como no referido capítulo, nada do que tivemos notícias ou lemos foi esquecido ou deformado, nada foi "adaptado" para servir a esta ou àquela tese. Tudo o que significava ou sugeria vida, fato vivo, realidade, foi por nós encarado com o máximo respeito.

Em uma infinidade de passagens, verificamos que a realidade não era aquela que supúnhamos. Em outras, esta realidade foi ainda mais evidente que aquela visionada por nossas suposições.

Pensamos que a historiografia de Minas está ainda por nascer; o realizado até agora foi apenas trabalho pioneiro de precursores e que a nossa própria pesquisa, considerando-se o volume do material abordado, assim como a vastidão dos seus problemas, é da mais total insignificância. É princípio elementar. Todavia, este princípio era necessário e o seu estudo, dos mais sedutores.

O capítulo da história social de Minas que tentamos estudar aqui tem nos surpreendido, constantemente, pelo ineditismo dos seus diversos aspectos e, sobretudo, por aquela feição de realidade viva à qual nos referimos há pouco. O fato de as irmandades religiosas do século XVIII serem obrigadas a remeter seus estatutos a Lisboa, para aprovação da Coroa, fez com que essas corporações cuidassem carinhosamente dos seus livros de compromisso, o que contribuiu para a sua conservação até nossos dias. São hoje numerosíssimos, constituindo valioso manancial. Durante os últimos quatro anos, vimos, lemos, fotografamos ou manuseamos cerca de cem livros de compromissos. Alguns foram copiados por outros pesquisadores da Diretoria do Patrimônio Histórico e Artístico Nacional, como dois em Diamantina, copiados por Assis Alves Horta, três de Ouro Preto, por funcionários da repartição sediada ali. O pesquisador do Patrimônio, Ivo Porto de Menezes, forneceu-nos vários compromissos.

Pessoalmente, já copiamos até agora quarenta compromissos, faltando ainda, sobretudo em certas cidades como São João Del Rei, outro tanto para ser copiado, catalogado e estudado.

Além dos compromissos e estatutos, lemos grande número de documentos esparsos encontrados nos arquivos das igrejas mineiras, principalmente de Diamantina, todos relativos ou alusivos à vida das irmandades religiosas, como cartas, escrituras, recursos, certidões etc.

Finalmente, procuramos consultar a bibliografia já existente em Minas sobre o mesmo assunto. Neste particular, porém, não nos preocupamos em estender esta consulta bibliográfica a outras regiões, como São Paulo e o litoral do país, a fim de evitar a dispersão que fatalmente nos levaria muito longe do ponto visado. Procuramos, pelo contrário, limitar o trabalho à área regional, a fim de assegurar a sua pronta realização.

Temos, repetimos, plena consciência das limitações e do pouco que fizemos em relação ao muito que precisa ser feito. Basta considerar que limitamos a nossa análise a quatro cidades da mineração, quando o material recolhido autorizaria maior amplitude regional ao trabalho. Preferimos, porém, limitá-lo, a fim de que a segurança das constantes sociais estabelecidas fosse a maior possível. Pensamos, ainda, que estas quatro cidades – Ouro Preto, Mariana, São João Del Rei e Sabará – encarnam em sua história um mosaico ou síntese do que foi o ciclo do ouro das Gerais, suas heranças peremptas, seu lastro no tempo e no espaço, sua cultura tão própria.

Foram vários os historiadores que, de forma mais ou menos objetiva, mais ou menos sistemática, abordaram em obras passadas, não raro de relevante expressão, a vida das irmandades religiosas durante o século XVIII em Minas Gerais. Entre os autores que desbravaram o caminho, estabelecendo os primeiros marcos e as premissas iniciais de tão vasto, quanto curioso, capítulo da nossa história, poderíamos destacar os eminentes mestres de outrora, Diogo de Vasconcellos, com sua proverbial e sempre surpreendente intuição abridora de picadas; Zoroastro Passos, com suas exaustivas pesquisas sobre as igrejas sabarenses, sobretudo aquelas relativas ao Carmo de Sabará. Todas as irmandades da cidade do Borba foram pesquisadas por Zoroastro Passos, em cujo trabalho muitas vezes nos apoiamos. É digno de nota o livro de Furtado Menezes, *Clero Mineiro*. A este ilustre estudioso da história da Igreja devemos a primeira pesquisa sistemática sobre a vida e evolução de todas as irmandades de Vila Rica, "Templos e Sodalícios" publicada no *Bi-Centenário de Ouro Preto*, reunindo confrarias religiosas fundadas desde o princípio do século XVIII até às irmandades criadas já no século XX.

Digna de citação especial é a obra do Cônego Raimundo Trindade, ex-diretor do Museu da Inconfidência, cuja capacidade excepcional de pesquisador incansável é por demais conhecida. Dele são fundamentais tanto as pesquisas sobre a *Arquidiocese de Mariana* como este manancial impressionante que é o trabalho *Instituições de Igrejas no Bispado de Mariana* ou, ainda, aquela relativa à história da *São Francisco de Assis de Ouro Preto*, que nos proporcionou magnífico material relativo ao tema de nosso estudo.

Devemos, ainda, indispensáveis subsídios ao historiador de São João Del Rei, Sr. Augusto Viegas, que pesquisou todas as irmandades dessa cidade; ao velho Salomão de Vasconcellos, em *Mariana e seus Templos*. Ao Sr. Aires da Matta Machado Filho, devemos curiosas sugestões extraídas do seu trabalho relativo a Diamantina. Ao veterano pesquisador do Instituto do Patrimônio Histórico e Artístico Nacional, engenheiro Francisco Antônio Lopes, devemos importantes capítulos sobre a irmandade do Rosário de Ouro Preto (Pilar), aparecidos em sua obra *Os Palácios de Vila Rica*, assim como é valiosa a sua monografia sobre *O Carmo de Ouro Preto*, em que documenta um aspecto de particular interesse para nós.

Muitos outros estudos e referências existem espalhados no conjunto da bibliografia histórica de Minas, inclusive na *Revista do Arquivo* e nas *Efemérides Mineiras*, cuja consulta nos foi de singular serventia.

No entanto, a finalidade do nosso estudo foge inteiramente às intenções e cogitações desses historiadores. O nosso objetivo é, antes de tudo, procurar alguma base concreta através da qual possamos estudar a significação social dessas associações e sua relação, extrínseca ou intrínseca, com o processo de estratificação das classes sociais durante o século XVIII. Para estabelecer uma base, o quanto possível objetiva ao nosso estudo, procuramos partir da estatística relativa às fundações (ereções) ou criações das irmandades, assim como procuramos nos apoiar, fundamentalmente, nos compromissos e documentos originais das próprias corporações religiosas. A leitura e releitura dos compromissos originais foram a principal preocupação que tivemos.

Não nos interessou o aspecto pitoresco, acaso existente nas lutas das irmandades entre si, aspecto este que tem absorvido a atenção de eminentes eruditos. Como também não nos interessou de forma fundamental a relação, forçosamente existente e de grande importância, entre a evolução das irmandades e da arte tradicional e religiosa em Minas. O fato escapa à nossa finalidade, embora sendo da mais alta valia para o estudioso da nossa arquitetura barroca. Nesse sentido, tentamos apenas indicar, dentro da nossa limitação estatística, as datas relativas às principais construções de igrejas pertencentes às irmandades e à fundação destas, procurando, desta forma, lastrear através de documentos a tese do Prof. Sylvio de Vasconcellos, em seu trabalho a *Arquitetura Colonial Mineira*[1].

O que eram essas irmandades, qual a significação que tiveram ou poderão ter, para que existiram elas e que papel desempenharam na história de Minas? Por que razões tiveram tamanho poder econômico-social e o perderam tão rapidamente a ponto de se diluírem no tempo? Por que motivo marcaram, de forma tão funda, a vida social das principais cidades antigas de Minas?

O *Código do Direito Canônico*, de 1917, cujos trechos transcrevemos a seguir, vem a ser uma compilação e remodelação de todas as leis canônicas até aquela data, constituindo, portanto, um resumo do que a igreja tem estabelecido como os deveres essenciais dos seus fiéis, tanto individual como coletivamente. A praxe seguida pela Igreja, não só no século XVIII, como em várias épocas, está, portanto, codificada por estes cânones que são, hoje, a base pela qual se governa a ordem terceira, a confraria, a arquiconfraria ou pia união.

---

1. S. de Vasconcellos, a *Arquitetura Colonial Mineira*. Sobre a origem e desenvolvimento das irmandades em Portugal, J. Scarano, – *Devoção e Escravidão*.

Cânones Referentes às Ordens Terceiras, Irmandades e Confrarias

Ordens Terceiras

"Can - 702 - § 1º - Terceiros Seculares são aqueles que, vivendo no século, debaixo da direção de alguma ordem, e conforme o espírito da mesma, se esforçam por adquirir a perfeição cristã de uma maneira acomodada à vista do século sejam as rezas para elas aprovadas pela Sé Apostólica.

§ 2º - Se a Ordem Terceira Secular se divide em várias associações, cada uma destas, legitimamente constituída, se chama Irmandade de Terceiros.

"Can - 705 - § 1º - Sem indulto apostólico, as irmandades de 3ª não podem inscrever membros de outra ordem 3ª, se continuarem pertencendo à outra. Aos 3ª separadamente é permitido, com justo motivo, passar de uma ordem à outra, ou de irmandade à outra, dentro da mesma ordem 3ª.

Confrarias

"Can - 707 - § 1º - As associações de fiéis que tenham sido eretas para exercer alguma obra de piedade ou caridade se denominam *pias uniões*; as quais, se estão constituídas em organismos, chamam-se *irmandades*.

§ 2º - E as irmandades que tenham sido eretas ainda mais para o incremento do culto público recebem o nome particular de *confrarias*.

"Can - 708 - §1º - As confrarias só podem ser eretas por decreto formal de ereção; enquanto às pias uniões basta aprovação do Ordinário obtida esta, adquirem, sem obstáculo algum, capacidade para conseguir graças espirituais, sobretudo indulgências.

"Can -709 - § 2º - As mulheres só podem se inscrever para lucrar indulgências e graças espirituais concedidas aos confrades.

"Can - 710 Nomes – atributos divinos – mosteiros – festas do Senhor – Santíssima Virgem – Santos – obras piedosas a que se dedica.

"Can - 711 - § 1º - Não se eregem duas confrarias com mesmo nome e fins no mesmo lugar, apenas em cidades grandes.

§ 2º - Ordinários do lugar – fundem – Confrarias do Santíssimo e Doutrina Cristã em todas as paróquias.

"Can - 712 - § 1º - Só eretas confrarias ou pias uniões em igrejas, oratórios públicos ou semi-públicos.

"Can – 716 Se estão eretas em igrejas alheias, só podem celebrar suas próprias funções eclesiásticas na capela ou altar onde foram eretas.

Arquiconfrarias e Uniões Primárias

"Can - 720 - § 1º - As irmandades que gozam de faculdade para agregar a si outras da mesma espécie se chamam arquiirmandades ou arquiconfrarias, ou pias uniões, congregações ou sociedades primárias.

"Can - 721 - § 1º - Indulto apostólico para poder agregar a si outras validamente.

§ 2º - Arquiconfrarias e uniões primárias só podem agregar a si aquelas confrarias ou pias uniões de igual nome e fim.

"Can - 722 - § 1º - Agregação: comunicação de todas as indulgências, privilégios etc.

§ 2º - A agregante não tem nenhum direito sobre a agregada.

"Can – 723 - Para agregação:

1) Associação já ereta comunicante e não agregada a outra.

2) Licença do Ordinário com letras testemunhais.

3) Catálogo das indulgências, privilégios, etc., que revisada pelo ordinário do lugar da arquiconfraria é enviada à agregada.

4) Agregação de acordo com estatutos e perpetuante.

5) Carta de agregação grátis.

"Can - 724 - Só a Sé Apostólica pode transmitir de uma sede a outras as arquiconfrarias e uniões primárias.

"Can - 725 - Só a Sé Apostólica pode conceder o título, embora honorífico da arquiirmandade, arquiconfraria e união primárias:

a) Associações eretas pela Igreja: eclesiásticas;

b) Aprovadas

c) Recomendadas.

"Can - 700 - 3 classes de associações:
Ordens Terceiras Seculares;
Confrarias;
Pias Uniões;

"Can - 701 - § 1º - Ordem de precedência:

1) Ordens Terceiras;

2) Arquiconfrarias;

3) Confrarias;

4) Pias Uniões Primárias;

5) Pias Uniões outras.

§ 2º - Confrarias do Santíssimo Sacramento nas procissões do Santíssimo precedem às arquiconfrarias.

§ 3º - Direito de precedência quando vão incorporadas com a cruz ou estandarte, hábito de insígnias da associação."

À Sé Apostólica cabia o direito de "conceder o título", embora honorífico, da arquiirmandade, arquiconfraria e união primária, diz o direito canônico. Dessa maneira e para despertar o interesse dos grupos sociais pelas irmandades, a Coroa, através do direito canônico e da sua própria legislação, propiciava uma série de regalias e direitos às corporações. Cada irmandade era proprietária, com direitos civis reconhecidos, das igrejas ou capelas que construía; do cemitério onde eram sepultados seus irmãos falecidos; animais de sela, imagens, utensílios e mobiliário dos seus respectivos templos e dos seus escravos, quando os possuía. Trata-se, portanto, de uma propriedade coletiva. Isso concorreu para desenvolver consideravelmente o poder econômico das corporações.

Sabemos que as irmandades organizaram-se em Minas obedecendo àquela hierarquia estabelecida pela Sé Apostólica. O poder ou autoridade de uma agremiação religiosa nada tem a ver, em princípio, com seu sentido social. Isto é, o que levava uma irmandade a ser promovida a confraria era tão-somente o seu poder econômico e social, expresso no número de irmãos arregimentados. Mas, por outro lado, sabemos que cada irmandade englobava, em sua organização, determinado agrupamento social, camada ou estamento. Desde que uma irmandade tinha esse poder, tornava-se naturalmente uma força social ponderável e, portanto, merecia as atenções da Igreja. Não importava que ela fosse de brancos, pretos ou mulatos; importava o seu poder como expressão desses grupos. E essa característica é de fundamental significação. Assim, era prescrição da Igreja (unida ao Estado), que a Irmandade do Santíssimo Sacramento deveria pertencer às matrizes, ou por outra, estas é que pertenciam ao Santíssimo Sacramento.

Sobre as demais corporações, não havia determinação expressa em lei. Os fiéis, seguindo espontaneamente as suas devoções, organizavam-se nas agremiações das suas invocações prediletas. A propósito dessas preferências, constatamos o seguinte, como uma constante no interior de Minas: Carmo, São Francisco, Nossa Senhora da Conceição, Pilar, Santíssimo Sacramento, Arq. São Miguel, São Pedro dos Clérigos, Santana, Senhor dos Passos etc. eram de brancos; irmandades de pardos: Nossa Senhora do Amparo, Ordem Terceira S. Francisco de Paula, São José dos Bem-Casados, Pardos do Cordão, de pretos:

Rosário, São Benedito, Mercês, sendo que o compromisso desses revela que eram pretos crioulos (o que significa que eram nacionais) e Santa Efigênia.

Fundada a corporação e eleita a sua mesa diretora, esta designava o secretário ou qualquer irmão que ostentasse dotes de bom redator, para redigir o livro de compromisso ou estatuto próprio. Esse livro era, então, enviado a Lisboa para sua aprovação pelo rei. Algumas vezes a Coroa aprovava esse texto, riscando, do mesmo, itens ou capítulos inteiros.

Quanto à estruturação da mesa diretora de cada corporação, podemos tomar como exemplo a direção da Ordem Terceira N. S. das Mercês dos Perdões, de Antônio Dias (Ouro Preto), assim constituída[2]:

> A Corporação Ativa da Ordem se comporá dos membros seguintes: Prior, Priora, Vice-Prior, Vice-Priora, Secretário e Procurador Geral, Syndico, Doze Definidores, Hum Vigário do Culto Divino, Quatro Mordomos, Hum Zelador e o Secretário Comissário.
>
> Artigo 2º. – Haverá mais – seis Sacristães – Hum mestre e Uma mestra de Noviços – hum andador – e os Presidentes que forem necessários para os Presidir, que se crearem e estiverem já creados, bem como hum Enfermeiro, uma Enfermeira e seis Sacristães.

Regra geral parece que as eleições no seio das irmandades se processavam de forma bastante democrática. Alguns compromissos se estendem longamente em explicações de como se deviam conduzir essas eleições. O compromisso acima citado, no mesmo capítulo primeiro, artigo quinto, documento três, explicita o sistema eleitoral[3]:

> "A eleição será feita por votação em escrutinio secreto, não só dos mezarios actuaes, como de todos aqueles Irmãos professos, que voluntariamente quizerem concorrer".

No mesmo documento, lemos:

> "Propor, aceitar e admitir o Reverendo Comissário, que sempre deve ser sacerdote professo da Ordem e que tenha dado provas do seu zelo".

Nos primeiros anos de povoamento eram obrigatórias as Irmandades do

---
2. Compromisso da Venerável Ordem Terceira das Mercês dos Perdões, Ouro Preto, cap. I, arts. 1 e 2, arq. DPHAN., Rio.
3. Compromisso citado, art. 7, cap. I. Outro Estatuto que trata longamente do assunto "eleições" é o da Ordem terceira. do Carmo de Mariana, 1807. Cópia, Antônio Morais, pesquisador da DPHAN.

Santíssimo Sacramento, que simbolizam a autoridade suprema da corte celeste e que arregimentam as pessoas de maior projeção do arraial.

Sabemos que a região das minas foi descoberta no último quartel do século XVII e que, a partir de 1700, teve a sua vida administrativa estabelecida nos principais arraiais produtores de ouro, isto é, Sabará, Rio das Velhas, Roça Grande, Ribeirão do Carmo, Ouro Preto, Padre Faria, Antônio Dias. Emigrou instantaneamente, para Minas, vasta população de forasteiros da corte, da Bahia, de São Paulo, de Taubaté etc. Os arraiais cresceram, as igrejas nasceram. Ao lado do Estado colonizador português, íntima e juridicamente ligado a ele, estava o poder da Igreja. Parece fora de dúvida que esta se organizou, em Minas, primeiro que a própria Coroa. Esses arraiais, nos seus arruados, seguiam as manchas do ouro ao longo dos rios, riachos e córregos, posto que a exploração, ao primeiro impacto da descoberta, limitava-se às margens dessas correntes fluviais. Por isso, as ruas avançavam, recuavam, infletiam, cruzavam-se ou bifurcavam-se nas mais imprevistas direções, sem respeitar socavões ou grimpas abruptas da espessa morraria. Tudo era irregular, porque improvisado pelo surto inesperado da riqueza, mas a matriz altiva e nobre em suas claridades de azul e branco impunha-se em meio aos casebres de pau-a-pique e sopapo de barro, cobertos de sapé, enfileirados em ruelas pedradas ou barrentas. Era uma civilização que nascia.

Nesses primeiros anos, houve dois tipos de exploração aurífera claramente delimitados: a cata à beira rio, no primeiro surto da descoberta e, logo após, à meia encosta. Isto é, os mineradores, em movimento de expansão, procuraram as encostas dos morros. O arraial, ao nascer, acompanhava o caminhar dos homens. Mas, ambos os processos de trabalho eram executados por grupos relativamente pequenos de trabalhadores. O tipo básico de exploração era mesmo, em alguns casos, de cunho doméstico: obtida a data, a família nela trabalhava, ou, então, o minerador com seus poucos escravos. Esta, aliás, foi uma rígida política adotada pela própria Coroa. Informa Eschwege que os maiores mineradores possuíam doze escravos em serviço, no máximo, em cada data, e Diogo de Vasconcellos assegura que Pascoal da Silva Guimarães era exceção, possuindo cerca de trezentos escravos.

Diz Sylvio de Vasconcellos no seu *Vila Rica*[4]:

> No rol dos escravos publicado nos Anais da Biblioteca Nacional, Arq. da Casa dos Contos, 1934-101, aparecem em Rio Acima cinqüenta e um proprietários possuidores, em média, de três escravos e na página 104, em São João Del Rei, de noventa e seis, apenas sete tinham mais de doze escravos.
>
> E Eschwege afirma: "Os grandes proprietários, dos quais nenhum, porém, possui mais de doze escravos em serviço, exploram suas lavras pelo método de talho aberto, ao contrário dos pequenos, que o fazem por meio de galerias e poços".

Erguida a matriz, duas irmandades nasciam: Santíssimo Sacramento e Rosário, a primeira de brancos, a segunda de negros escravos. Não se pode falar, nessa fase, em estratificação de grupos sociais, tão imprevista e célere fora a avalanche povoadora. Essa população dos primeiros anos de povoamento só poderia ter sido um aglomerado heterogêneo de pessoas ainda não ligadas entre si por laços econômicos comuns, pois que a aventura dos descobertos predominava como tipo de exploração. Aventura ou anarquia esta que viera do bandeirismo descobridor e cuja base específica era a simples pesquisa do minério. A primeira etapa econômica a se registrar, posterior ao bandeirismo, foi a exploração individual, ou aquela de duas, três ou cinco pessoas (um senhor e alguns escravos), que faziam suas explorações nas "datas" concedidas pela Coroa. Foi, portanto, esse tipo de garimpagem que deu forma e estrutura econômica aos arraiais. Atuou o governo e junto dele o clero, no sentido de organizar a sociedade que surgia em bases absolutistas. Usando a Igreja o Estado, e este aquela, numa simbiose de interesses e organizações, as primeiras irmandades citadas, Santíssimo Sacramento e Rosário, correspondiam aos dois extremos sociais: os pretos ou negros escravos (Rosário) e os ricos e autoridades, principalmente estas, pois à época não havia homens propriamente ricos, que começaram a aparecer entre 1704 e 1705 e, em muitos casos, ligados ao comércio ou praticando ambas as atividades: comércio e mineração.

Vejamos agora, ligeiramente, alguns dados sobre a instalação do clero em Minas.

---
4. S. de Vasconcelos, op. cit., p. 54. – W.L. von Eschwege, *Pluto Brasilienses*, vol. II, p. 9.

A palavra "paróquia", por sua origem etimológica grega, significa conjunto de casas vizinhas. À página 194 das *Ephemerides Mineiras* (vol. 1), afirma Xavier da Veiga existir uma Carta Régia, de 9 de novembro de 1712, pela qual se pode constatar que já havia em Minas, nesta época, "mais de vinte igrejas providas de parochos, embora cobertas de colmo"[5]. Furtado de Menezes também cita Xavier da Veiga no volume I, página 7, do *Clero Mineiro*, afirmando: "Efetivamente, Milliet de Saint-Adolphe (Dicionário Histórico e Geográfico do Brasil) e Monsenhor Pizarro dizem ter sido a Igreja de Raposos, não a Matriz de Sabará, a primeira igreja que se edificou em Minas"[6].

Já Diogo de Vasconcellos escreve[7] a propósito das primeiras paróquias criadas em Minas por Dom João V:

> Os descobrimentos do ouro, como vimos na "História Antiga", foram sucessos do episcopado de Frei Francisco de São Jerônimo, Conde de Santa Eulalia, a quem coube a glória de crear as nossas primeiras cinco Freguesias Eclesiásticas. Com o rápido incremento das Minas, o paiz, povoando-se, houve por bem Sua Magestade El-Rei D. João V, que para nós Mineiros foi um grande soberano, instituir civilmente as primeiras parochias beneficiadas, a saber: Por carta de 16 de fevereiro de 1718, S. João da Barra Longa, Bom Jesus do Monte Furquim, Conceição de Camargos, Conceição de Ibitipoca, Conceição de Guará-Mirim, Rosário do Sumidouro, S. Sebastião do Ribeirão Abaixo e Nazareth do Inficionado. De 16 de Março de 1720, Santo Antonio de Curvelo; e desse mesmo anno, Bom Sucesso de Minas Novas. De 16 de fevereiro de 1724: Conceição de Antonio Dias, Pilar de Ouro Preto, Nazareth de Cachoeira do Campo, Santa Bárbara, Conceição do Rio de Pedras, Conceição de Vila do Carmo, S. Caetano de Cahete, Conceição de Catas Altas, Santo Antonio do Serro, Pilar de S. João Del Rei, Santo Antonio da Vila de S. José, Santo Antonio do Bom Retiro da Roça Grande, Conceição de Pitanguy e Conceição.

A seguir, acentua esse autor que foram estas "as parochias que

---

5. À p. 195 do vol. I de *Ephemerides Mineiras*, J.P. X. da Veiga transcreve a carta régia de 16 de fev. de 1727, com o mapa das vinte vigárias coladas existentes. A seguir, explica este historiador: "Convém notar-se que esta carta régia refere-se estritamente a paróquias com vigárias coladas. Afora estas, muitas havia já em Minas. Só na Comarca de Vila Rica contavam-se 19 vigarias a 3 de agosto de 1719". Acrescenta que em 1712 "já excedia de vinte o número de paróquias em Minas".

6. O Cônego Raimundo Trindade também afirma ser a matriz de Raposos a primeira construída em Minas, *Instituições de Igrejas no Bispado de Mariana*, p. 261.

7. D. de Vasconcellos, *História da Civilização Mineira*, p. 27.

precederam à creação do Bispado." Este foi criado em Mariana, no ano de 1745, sendo o primeiro bispo de Minas, F. D. Manuel da Cruz, sempre muito elogiado pelos historiadores.

Fato assinalável dessa fase inicial é que o rei pouco assistia à ereção das igrejas e matrizes, evitando, sempre, sistematicamente, arcar com quaisquer despesas. Afirma nesse sentido o mesmo historiador:

> O Rei, se bem que arrecadasse os dízimos, e fosse Padroeiro da Igreja, punha-se longe do dever de construir Matrizes e, quando muito, prestava insignificantes auxílios.
>
> Para a Matriz da Villa do Carmo, por exemplo, ordenou que a Câmara concorresse com 6 mil oitavas e cobrasse algumas taxas, a efeito de continuar a obra (1712). Recomendando à Câmara da Villa de S. José que promovesse a construção de matrizes em seu termo, a Câmara fez ver a Sua Magestade, em 2 de março de 1773, que semelhante diligencia não lhe era exequivel porque os europeus e os das ilhas eram possuidores de toda a América, e os naturais nada tinham.

Baseados na pesquisa do Cônego Trindade[8], podemos afirmar que as primeiras paróquias da região por nós pesquisadas foram: Furquim, criada episcopalmente em 1706, colativa em 1724; Camargos, fundada em 1698, colativa em 1755; Barra Longa do Gualaxo do Norte, foi elevada a freguesia em 1741, mas havia sido fundada em 1729 (Diogo afirma 1718), como filial daquela de Furquim. Foi colativa em 1752; Guarapiranga, em 16 de fevereiro de 1724.

A princípio, foram criadas em Minas as "freguesias rurais", e, logo depois, com o desenvolvimento das vilas, criavam-se as paróquias que já correspondem a um apostolado do tipo citadino. Data do século XIV a criação das paróquias, segundo Raimundo Trindade, acrescentando que o direito de criá-las é de jurisdição episcopal.

A propósito da criação das primeiras paróquias de Minas, o Cônego Raimundo Trindade se apóia fundamentalmente na Ordem Régia de 16 de Fevereiro de 1724, quando Diogo de Vasconcellos se refere a outra fonte. O documento do Cônego Trindade foi pesquisado diretamente em Lisboa, por Fran Pacheco, funcionário do Ministério do Exterior de

---
8. C. R. Trindade, op. cit., p. 12 e segs. ou *Arquidiocese de Mariana*, vol. I, p. 68.

Portugal. Por este documento, vê-se que nesta data havia "13 Igrejas que o Cabido do Rio de Janeiro, juntamente com o governador das Minas Gerais, apontavam para vigarias coladas". Por outro lado, as pesquisas do Cônego Raimundo Trindade, em geral e em particular nesta sua obra, são de caráter a não deixar a menor dúvida.

Assim sendo, podemos concluir, numa síntese final, que a freguesia de Mariana foi fundada em 1704, por Frei Francisco de São Jerônimo, tendo sido provida na pessoa do Padre Manoel Braz Cordeiro, primeiro vigário de Mariana. O nome dessa primeira freguesia foi de Nossa Senhora da Conceição do Ribeirão do Carmo. Exatamente o padre Manoel Braz Cordeiro fundou, em Mariana, três irmandades religiosas, todas anteriores a 1713, que são: a Santíssimo Sacramento, a N. S. da Conceição e a Almas Santas. A freguesia de N. S. da Conceição do Sabará foi fundada em 1701-1703, ao passo que a freguesia de N. S. do Pilar, de Ouro Preto, foi fundada em 1700-1703. A igreja N. S. da Conceição, de Raposos, foi erigida em 1690. A matriz N. S. da Conceição, de Sabará (igreja grande) foi, a princípio, filial da matriz de Raposos[9]. Todas essas igrejas dos primeiros anos foram "colativas" em 16 de fevereiro de 1724. A N. S. da Conceição do Sabará foi fundada pelo prelado do Rio de Janeiro, Dom Frei Francisco de São Jerônimo e seu primeiro vigário foi o Dr. Lourenço José de Queiroz Coimbra. Quanto a São João Del Rei, os dados são precários e confusos[10]. O Cônego Trindade afirma que a matriz do Pilar já existia antes de 1711. A confraria do Rosário foi instituída em 1708, e a do Santíssimo Sacramento, em 1711.

Esses são os elementos históricos elementares que assinalaram a instalação do clero em Minas no século XVIII. No decorrer dos anos seguintes, a vida continuou sua marcha e os homens também se transformaram. A história das irmandades foi dinâmica e até mesmo tumultuosa algumas vezes. Ao estudarmos essas corporações, a função social que assumiram absorveu logo a nossa atenção. Vimos, então, que elas funcionaram, realmente, durante longo período da nossa história, nas cidades da mineração, como autênticos organismos sociais da época. Através da vida das irmandades, percebemos as

---
9. Idem, p. 245.
10. A. Viegas, *Notícia de São João Del Rei*, Ipág. 24.

transformações de camadas sociais que vão se estratificando, assim como os antagonismos e oposições que se chocam.

Dois fatores contribuíram para o caráter de classe dessas corporações: o primeiro é que, sendo o Estado ligado à Igreja, isso determinou o interesse do governo em estimular a eclosão das corporações; o segundo é que a estratificação social no Brasil colônia se efetuou calcada na diferenciação interétnica da população, o que está intimamente vinculado ao colonialismo e ao regime escravocrata. Nesse sentido, foi completamente diferente a função social das irmandades em Minas e no litoral. É que ali havia, para propagar a religião e exercer as suas funções socioeconômicas, as grandes congregações religiosas, como os jesuítas e carmelitas. Em Minas, não as existindo, a Coroa tratou de estimular as irmandades, a fim de, com elas e através delas, transferir ao próprio povo, isto é, aos mineradores, comerciantes e escravos, os encargos tão dispendiosos de construir os grandes templos, os cemitérios etc. Todos os complexos e caros cerimoniais do culto religioso eram, dessa forma, transferidos à população. Em virtude disso, tanto à Coroa como ao clero interessava muito o desenvolvimento das ordens terceiras e confrarias.

A população, por sua vez, encontrava nessas corporações uma estrutura eficiente e legal, uma forma orgânica para expandir suas necessidades ou reivindicações coletivas. E então vemos as irmandades não só lutando umas contra as outras, como também trabalhando para prestar, aos seus filiados, pronta e vária assistência. Com o aumento do poderio econômico dessas corporações, a Coroa começa a restringir os seus direitos, ou, pelo menos, as suas possibilidades de enriquecimento.

Finalmente, vamos relembrar certo aspecto básico, na sua feição jurídico-histórico-teológica, das relações Estado-Igreja, na atualidade pouco conhecida do grande público.

O problema do padroado no Brasil colônia, isto é, o direito de posse que os fundadores da Igreja desfrutavam, originou-se do acordo feito pela Coroa portuguesa, ao tempo ainda do infante Dom Henrique, com a Ordem de Christo. Sendo a Coroa pobre, não possuía recursos para as grandes navegações pretendidas e empreendidas. E como a Ordem de

Christo era detentora de grandes cabedais, foi feito um acordo pelo qual as expedições marítimas seriam custeadas por ela, ficando o Infante Dom Henrique como grão mestre da corporação. Com isso, a Ordem, que já era rica, tornou-se riquíssima e, quando morreu Dom Henrique, Dom João II tratou de obter do Papa a união perpétua do reino com a Ordem de Christo, através do grão mestrado. O rei tornou-se, assim, permanentemente, grão mestre da Ordem, selando a feliz sociedade. Em conseqüência, o soberano podia interferir nos problemas eclesiásticos, ao passo que também os bispos tinham o direito de intervenção nos problemas do Estado. Mas, neste caso, estavam subordinados ao soberano. Daí o fato de terem sido usuais os recursos interpostos para o juízo da Coroa, que era, então, a última instância.

É de se observar que, quem edificava e organizava uma igreja, obtinha o direito de padroeiro – *Patronum faciunt dos, aedificatio, fundus*. A irmandade fundadora da igreja possuía também o direito de precedência nas cerimônias do culto e procissões. Quanto aos irmãos professos, no caso de indigência, tinham o direito de receber auxílio ou alimentos da igreja, ou seja, da irmandade. No caso de Minas, como veremos, a assistência prestada pelas irmandades, que estava estribada no direito canônico, funcionou plenamente.

A essência da fundação das ordens e seu funcionamento eram, do ponto de vista da Coroa, manifestamente utilitária. No entanto, no decorrer do século XVIII, essas agremiações foram, além da finalidade inicial, atraídas, ou influenciadas, por fatores históricos e sociais novos e, até certo ponto, imprevisíveis. Por outro lado, se essas associações prestavam valiosa contribuição à Coroa no concernente às despesas com o culto, acarretavam outras, como aquelas impostas pela manutenção dos padres.

A fim de custear a vida dos clérigos e autoridades eclesiásticas, a Coroa criou os dízimos e oblações, transferindo ao povo as despesas com o culto, que, já então, não se satisfazia, como outrora, com as dádivas votivas, mas exigia uma renda tributária certa. Os dízimos originaram-se da compensação que o povo de Israel proporcionava à tribo dos levitas. Tendo Moisés distribuído as terras entre todos, ficou a tribo de Levi sem recebê-la, porquanto iria se dedicar exclusivamente ao serviço de Deus e do culto. Assim sendo, necessitavam os levitas de um auxílio para viver. Todos, então, forneciam pequeno imposto, em gêneros e alimentos, para manutenção deles.

Em Minas, como não havia levitas, os dízimos, em certas fases, atingiram proporções astronômicas, que foram absorvidas pelo rei, sendo, pois, grossa imoralidade de S. Majestade.

Quanto ao direito jurídico da Igreja de possuir imóvel, prende-se ao Édito de Milão, do ano 313, promulgado por Constantino.

Recordemos, agora, ligeiramente, a origem da Irmandade do Santíssimo.

A Irmandade ou Confraria do Santíssimo Sacramento originou-se da idéia de se organizar ampla divulgação em torno do mistério do sacramento da eucaristia, um dos mais importantes dogmas da simbologia litúrgica do catolicismo. Trata-se da transformação do pão e do vinho na própria carne e no sangue de Deus. Em 1264, o Papa Urbano IV estabeleceu a festa do Santíssimo Sacramento, originando-se daí as confrarias e irmandades que tinham como finalidade comemorar o dia da eucaristia, a primeira quinta-feira depois da oitava de Pentecostes. Já no século XIV fundou-se a Ordem dos Religiosos Brancos do Santíssimo Sacramento, também chamados Frades do Ofício do Santíssimo.

O Papa Bonifácio IX, em 1393, promoveu a união desta associação com a Ordem de Cister. Continuaram, porém, como sendo os Frades do Santíssimo Sacramento. Em 1582, o papa Gregório XIII concedeu a esta ordem o privilégio de realizar anualmente a procissão do Santíssimo, assim como de expor a Eucaristia no dia de *Corpus Christi*. No século Xv já estava em Lisboa, devidamente instalada, a Ordem do Santíssimo Sacramento. Toda a corte lisboeta comparecia à procissão por ela realizada "com o corpo de Deus sacramentado". Nessa ocasião, realizava-se em Lisboa a exposição do Santíssimo, tão usual em Minas e em todo o Brasil colonial.

Todas as matrizes pertenceram, em Minas dos primeiros anos, às Irmandades de S.S.

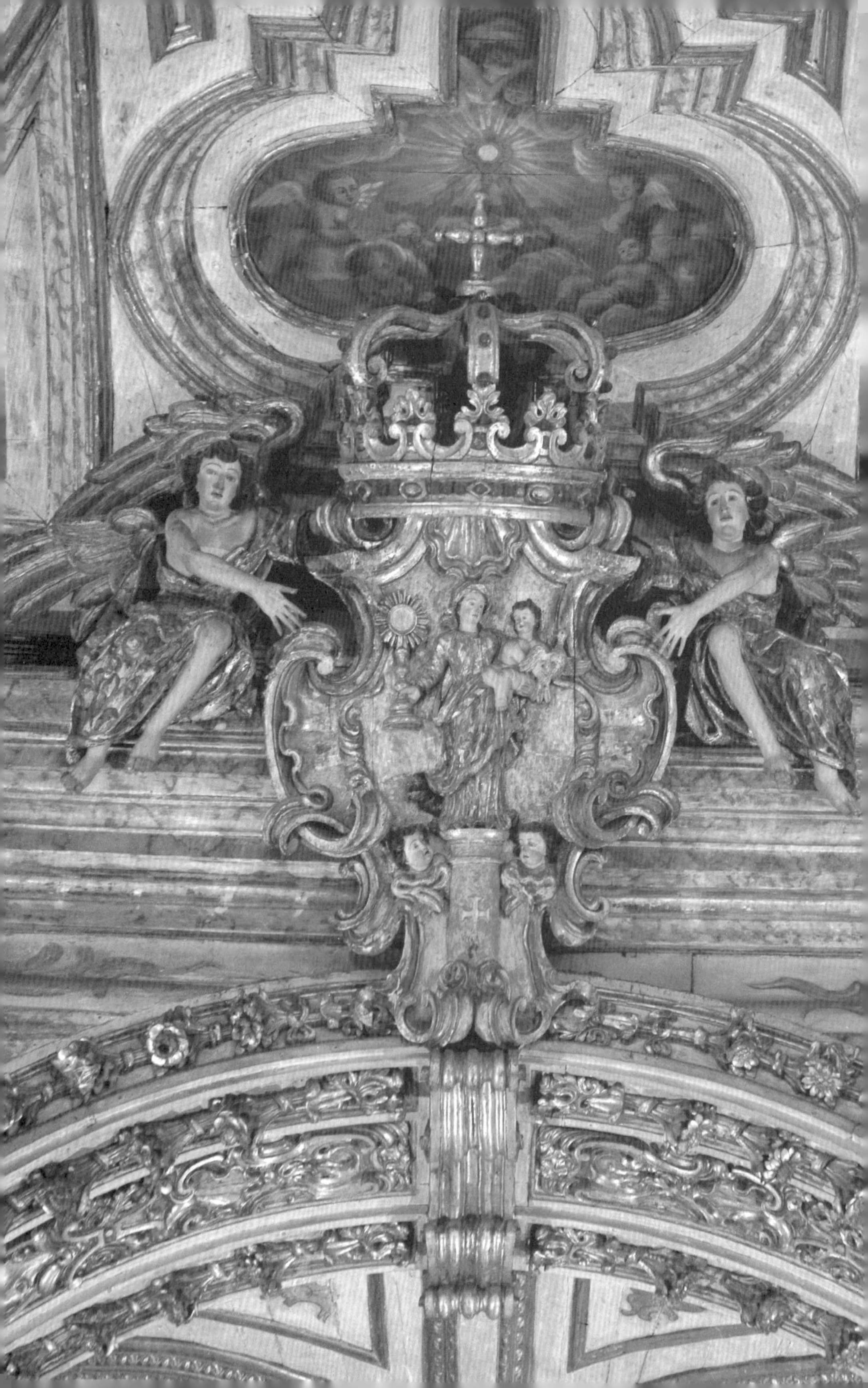

Introdução à 2ª Edição

Da mesma maneira que sabemos, pelo estudo atual da física, que os problemas da refração da luz são bem mais complexos e sutis que os problemas da reflexão, sem dúvida mais simples, vemos que também há uma diferença clara entre o se estudar a nossa história na perspectiva da superfície ou na perspectiva da essência, vale dizer, das estruturas. Parece evidente que quando falamos em "estrutura", estamos buscando uma visão analítica, sem deixar de ser dialética, que ponha em foco as contradições caracterizantes do nosso processo histórico.

Em certo sentido, temos no Brasil duas histórias, ou duas formas de "ver" (conceituar) o nosso viver histórico; uma estrutural (história social), outra convencional. A história convencional é informativo-factual, cronológica e idealizante. Nós a chamamos de informativa porque ela se sustenta do fato pesquisado, destituído de valor, porquanto a operação valorativa implicaria em um comportamento analítico. Ao passo que a outra perspectiva parte das estruturas socioeconomicas e sociais; nesta vemos uma contradição funda e radical entre as idéias, os sistemas conceptuais com seus "princípios" importados e, do outro lado, as emergências vivas que se desenvolvem na evolução de uma sociedade em seu devir. Nessa angulação temos uma história da persistência de traços institucionais impostos, que estão sendo diluídos ou incorporados pelos processos industriais caoticamente introduzidos. Essa história realiza a "narração" cronológica e "suave" de acontecimentos "brilhantes". A independência, a proclamação da República, a abolição foram "fatos" ligados muito mais às conjunturas e à situação política internacional, que às estruturas internas e de fato reais do nosso processo em si. Assim, quando, para estudar a nossa literatura, encontramos as duas linhas caracterizantes que chamamos dentro-fora, estamos apenas procurando ver esta literatura dentro da sua historicidade. Uma literatura como capítulo da história das idéias.

Na formação e vivência da sociedade colonial brasileira, a história social da mineração e suas projeções sobre as estratificações ideológicas e mentais, foram, até agora, pouco estudadas e menos ainda valorizadas. Este pequeno estudo pretende apenas tocar levemente em um dos aspectos da nossa vida social, no decorrer do século minerador.

A primeira edição deste ensaio, embora datada de 1963, foi redigida em 1960. Por esta razão, seria necessária a reformulação da parte interpretativa, assim como ampliar a pesquisa documentária. No entanto, absorvidos em nossa atividade ensaística pelo estudo dos processos formativos da nossa literatura, levados pela atividade docente, não nos foi possível continuar essa abordagem inicial da estruturação dos grupos ou estamentos sociais na vida colonial mineira.

Apesar de convencidos de que as questões concernentes ao estudo do sistema conceptual de uma sociedade, mesmo quando especificamente literárias, estão imbricadas ao processo histórico, ainda assim, o temário especializado da presente pesquisa versa mais diretamente sobre a sociologia regional e a formação dos grupos sociais, exigindo um embasamento próprio.

Pensamos que, em um sentido geral, no quadro das ciências humanas, uma práxis mais sociológica deveria constituir mesmo uma espécie de iniciação à historiografia geral, assim, como, aos estudos especializados em história literária.

Quando, ainda timidamente, começamos a nos interessar pelas irmandades do século XVIII, já pensávamos numa relação mais profunda entre as transformações do barroco mineiro (plástico, arquitetônico e literário) aos processos de estratificação dos grupos sociais no decorrer do século XVIII e sua problemática específica.

O tema permanecia ainda inédito em virtude do pouco interesse que os historiadores antigos dispensavam à história social. Na região de Minas e em certas áreas desta disciplina, há alguns anos, o campo era vasto e o material documentário ainda pouco estudado. Também os estudos da sociologia regional, que tiveram no Nordeste vários estudiosos, entre os quais, um mestre como Manuel Diegues Júnior, não despertaram as cogitações dos mineiros.

Foi considerado o ineditismo do tema que (como funcionário do IPHAN) tentamos a aventura de penetrar na história social e regional do século XVIII e nos seus aspectos mais concretamente vivenciais: como se comportavam e se originavam os agrupamentos sociais do chamado ciclo do ouro?

Esta abordagem, ainda canhestra, com os defeitos e os méritos de todo trabalho que inicia um tema, maiores aqueles que estes, apesar das deficiências com que foi realizado, revela a riqueza do material e suas possibilidades. A relação, por exemplo, entre a evolução formal dos templos coloniais de Minas e as transformações sociais da região, no século XVIII, é um capítulo da história do barroco mineiro que poderá ser explicado e clarificado pelo estudo das irmandades, suas transformações e conflitos. Episódios estes que não foram apenas pitorescos, como já se pensou, mas que possuíam seus conteúdos, suas motivações, implicações e conseqüências. Os livros de termos são um manancial ainda pouco estudado.

Para esta edição, procuramos corrigir certas deficiências metodológicas na apresentação da matéria, excessivamente grosseiras, que assinalaram a primeira, estorvando-lhe a leitura; como também procuramos corrigir alguns vícios de linguagem primários, além de tentar ampliar algumas observações analíticas.

Procuramos ainda, com alguns títulos, aumentar a bibliografia referencial. Finalmente, duas palavras sobre aqueles que nos honraram com suas críticas, quase sempre compreensivas e inteligentes.

Não escrevemos um livro para mostrar o óbvio: que o Brasil colonial era socialmente organizado à base de discriminação racial. Este jamais foi o nosso projeto. Escrevemo-lo para tentar pesquisar como se processou a formação dos estratos sociais em região cuja colonização partiu da vila, e não do engenho ou fazenda. Mas, e apesar disso, não podemos, evidentemente, "guardar um segredo" quanto à discutida discriminação. Ademais, a repetição do tema, no caso, tem razão de ser, pois a discriminação continua, na atualidade, a marcar o comportamento social de expressivo contingente da nossa população.

Neste particular, têm surgido contribuições valiosas que focalizam, com seriedade científica, os problemas das etnias, os choques interétnicos, além de outros aspectos significativos da discriminação racial e dos comportamentos preconceituosos[1].

Recentemente saiu o livro de Julita Scarano, *Devoção e Escravidão*, que veio abrir perspectivas novas e fecundas ao estudo das irmandades mineiras do século XVIII. Trabalho da maior importância para nossa história regional e para a sociologia da religião, esse pequeno volume focaliza, com exuberante material inédito dos nossos arquivos e dos portugueses, a história da Irmandade do Rosário, da incrível cidade de Diamantina, Vila do Tejuco. Livro tão significante em nossa historiografia, por sua originalidade documentária e compreensão da realidade passada no Brasil, esse ensaio nos revela que a nossa tímida e frágil tentativa de chamar a atenção para as irmandades não foi inútil.

---

1. M. Diégues Júnior, *Etnias e Culturas do Brasil*. T. Queiroz Júnior, *Preconceito de Cor e a Mulata na Literartura Brasileira*.

Abordando um dos aspectos mais significativos da história das irmandades mineiras do século minerador, Julita Scarano faz ligeiro reparo a uma observação nossa, relativa à propriedade de escravos por parte das associações de homens de cor[2]. Considerando a vastidão de suas fontes primárias e a seriedade de sua pesquisa, acreditamos que a razão esteja com ela e procuraremos, diante da documentação que nos foi possível estudar, rever esse lapso e outros, acaso encontradiços em nosso estudo. Onde há o ser humano, haverá sempre o equívoco e é errando que, talvez, possamos um dia com a vida corrigir a vida.

Concluindo esta ligeira nota, queremos frisar que consideramos todas as críticas recebidas, em geral, generosas e úteis. Aqueles que procuraram nos atacar motivados por preconceitos ideológicos ou religiosos, merecem também nossa atenção. Toda crítica, no fundo, ajuda ao criticado, embora nem sempre este possa compreender plenamente os comentários que desperta. Qualquer uma das nossas tentativas, se não é, pretende ser uma "obra aberta" e, portanto, suscetível de críticas e das mais diversas leituras.

A sociologia do barroco mineiro, em suas manifestações estéticas e literárias, nos últimos anos, acrescidas da descoberta do vasto movimento musical, precisa e deve ensejar ainda as mais diversas e fecundas abordagens. Esta pesquisa é apenas – repetimos – uma tomada de posição inicial, em que procuramos despertar o interesse dos nossos estudiosos pela riqueza do tema e seu ineditismo.

---

2. J. Scarano p. 72. "Não nos parece aquele 'não tendo a Irmde o seu cativo' – seja uma restrição ou uma proibição de possuí-los."

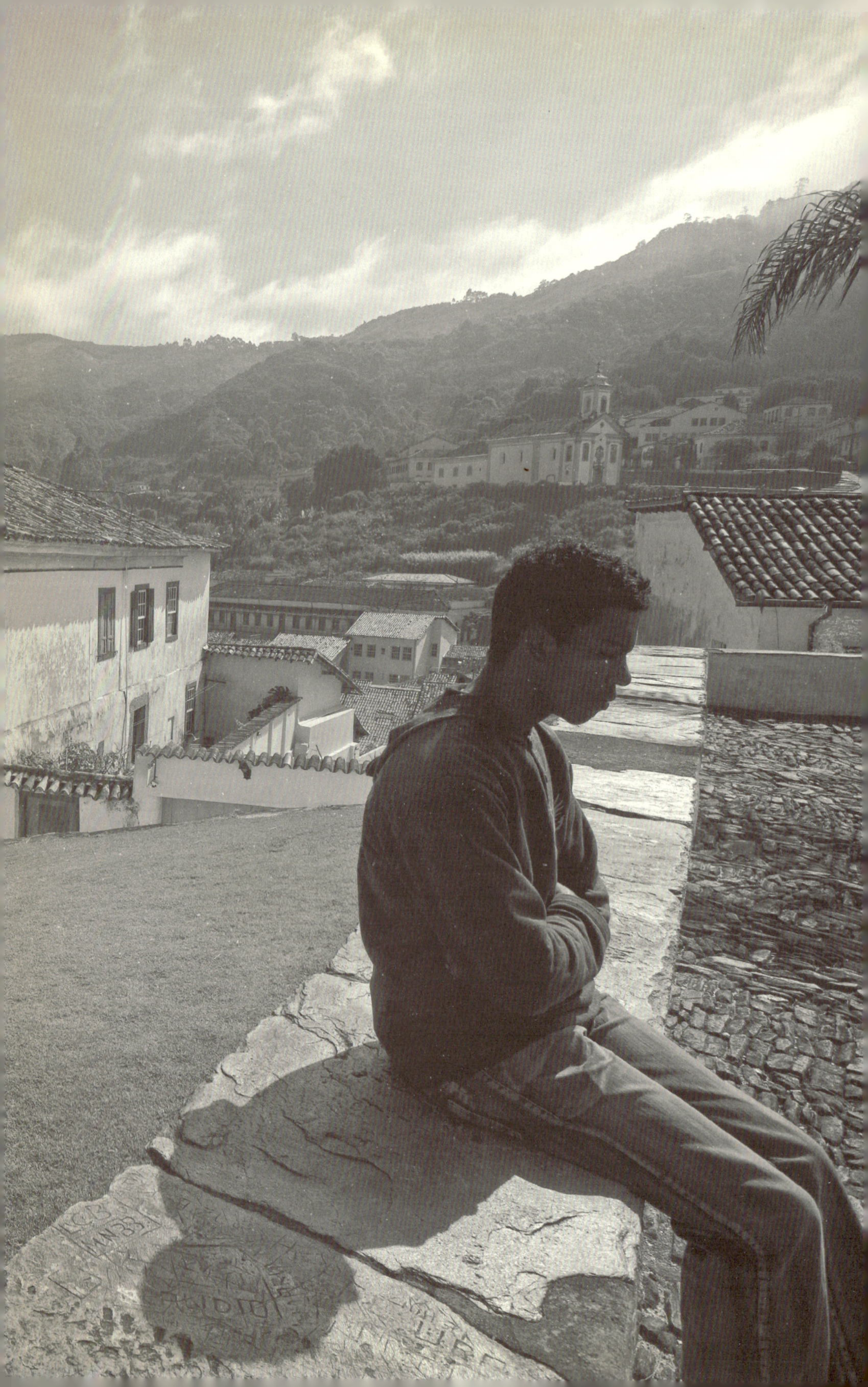

Capítulo I
Discriminação Racial

A fim de tentar uma relação entre a formação das ordens e confrarias com o estamento social ocorrido, dividimos o século XVII em quatro períodos principais, a saber: primeiro período, de 1700 até 1720; segundo período, de 1720 até 1740; terceiro período, de 1740 até 1780; e, finalmente, o quarto período, de 1780 até 1820. As cidades pesquisadas, como já dissemos, foram: Ouro Preto, Mariana, Sabará e São João Del Rei.

Nessas quatro comunas do ciclo do ouro encontramos os seguintes resultados relativos à fundação das corporações religiosas:

Primeiro período, Santíssimo Sacramento, quatro irmandades (brancos); N. S. da Conceição, três (brancos); N. S. das Dores, um (brancos); N. S. do Rosário, quatro irmandades (pretos); São Miguel e Almas, dois (brancos); N. S. do Amparo, um (pardos); Mercês, um (pretos); Almas

Santas, um (brancos); São Benedito, um (pretos); Santa Efigênia, um (pretos). Total de vinte corporações.

Temos, portanto, neste período, salvo algum lapso involuntário: Ouro Preto com seis irmandades, sendo quatro de brancos e duas de pretos, a Rosário do Pilar (em 1715) e a Rosário de Santa Efigênia, na freguesia de Antônio Dias, em 1719. A Rosário do Alto da Cruz era de brancos e pretos e dela saíram os brancos em 1743, expulsos pelos pretos, a fim de se fixarem na Capela do Pe. Faria como Rosário dos Brancos.

Já em Mariana, neste primeiro período, encontramos sete irmandades, que são as seguintes: Santíssimo Sacramento, na Matriz, fundada antes de 1713; N. S. da Conceição e Almas Santas, anteriores também a 1713; irmandades do Rosário, S. Benedito e Santa Efigênia (de pretos), anteriores a 1715, além da Irmandade de N. S. de Santana, (de brancos), provavelmente de 1720.

Temos cinco de brancos e duas de pretos, sendo que não encontramos, nesta fase, irmandades de pardos, o que demonstra o processo de polarização dos grupos através de associações dos extremos sociais. Já em São João Del Rei, os dados não são fáceis, sendo citados aqui com reservas, pois conhecemos compromissos de São José do Rio das Mortes, cujas irmandades não estão incluídas na obra de Augusto Viegas[1]. É de se supor que tenha havido em São João Del Rei outras irmandades cujos compromissos desapareceram por completo. Daí citaremos aqui, com finalidade estatística apenas, o que se encontra em Augusto Viegas. Temos então uma S. S. de brancos, em 1717, uma N. S. do Rosário, em 1708. Observa Augusto Viegas que, a julgar pelo seu compromisso, a Irmandade da Boa Morte já existia há cinqüenta anos antes da redação desse mesmo compromisso, que está datado de 1786, isto é, existia em 1736. Quanto à Irmandade de São Miguel e Almas, afirma seu compromisso que a corporação já existia há cem anos, sendo, pois, de supor-se que sua fundação ocorreu nos primeiros dez anos do século XVIII.

Encontramos, em São João, maior eclosão de irmandades no meado do século. Já de São José do Rio das Mortes, descobrimos precioso compromisso da Irmandade N. S. dos Passos, datada de 1721, de brancos.

---
1. V. também F. Guimarães – *Fundação Histórica de São João Del Rei*.

Em Sabará, temos a Santíssimo Sacramento, em 1710, sediada na Matriz, e a Irmandade de N. S. do Ó, em 1717; a Irmandade de N. S. do Amparo (com data imprecisa, porém anterior a 1720) e a N. S. do Rosário dos Pretos, presumivelmente anterior a 1713. A capela é de 1767 e sua benção ocorreu em 1781. Ignoramos a existência de irmandades na igreja de Santo Antônio de Mouraria, à esquerda do rio, no Arraial Velho, na capela desse arraial, como também na Santo Antônio da Roça Grande. Não se conhece precisamente a data da fundação da Irmandade das Mercês (pretos-crioulos); deve ser do meado do século XVIII, ou mesmo anterior. Estamos, porém, convencidos de ser do meado do século. O historiador de Sabará, Zoroastro Passos, chama a atenção para a predominância, nesta cidade, de irmandades de homens de cor sobre as de brancos. É assunto curioso que trataremos adiante.

Além das irmandades das quatro vilas citadas, várias outras corporações foram instituídas nesse período, em distritos vizinhos, que confirmam as constâncias principais configuradas na estatística acima. Não citamos a Irmandade do Parto, da capela do Bom Sucesso, Ouro Preto, que Diogo de Vasconcellos, em *As Artes em Ouro Preto* (p. 24), afirma ter sido de mamelucos, por se tratar de uma corporação de vida efêmera, logo desaparecida[2].

No fim do volume o leitor encontrará os quadros estatísticos de cada cidade, assim como uma estatística global do conjunto. Os estatutos de todas as irmandades de Minas, no decorrer do século minerador, são cheios de sugestões, as mais curiosas. É de fácil percepção, na leitura deles, a grande funcionalidade social das confrarias, arquiconfrarias e pias uniões. Reflete em muitas de suas passagens, de forma direta e bastante objetiva, seu sentido de síntese das aglutinações sociais que se foram estratificando com o desenvolvimento da mineração e conseqüente, embora quase simultâneo, desenvolvimento do comércio das cidades nascentes. O processo do nascimento das irmandades

---

2. Informa Z. Passos, *Em Torno da História de Sabará*, que conheceu o compromisso da Irmandade de Sta. Quitéria, desaparecida, à qual pertencia Manoel de Borba Gato. Também a Sta. Quitéria filial do Pilar de Ouro Preto desapareceu. V. F. Menezes, Templos e Sodalícios *Bi-Centenário*, de Ouro Preto p. 252 e 254. Houve ainda em B. Retiro da Roça Grande a Arquiconfraria de S. Antônio, posteriormente desaparecida, segundo Z. Passos, op. cit.

inicia-se com a instalação das primeiras freguesias e paróquias e, a partir do segundo período, vemos as corporações eclodindo para apoiar e promover a construção de igrejas, polarizando interesses de grupos sociais de forma sempre fechada à penetração de outros grupos. Quando, por acaso, alguma irmandade, na sua origem, englobava pessoas de grupos antagônicos, como foi o caso da Rosário da Capela do Alto da Cruz (de pretos e brancos), este fato determinou o conflito fatal em 1733 e o conseqüente desmembramento dos brancos que se retiraram e se instalaram na capela do Padre Faria, no Alto da Cruz. Nesse mesmo ano, de 1733, houve a reforma do estatuto para que a irmandade pertencesse somente aos negros. É que nos primeiros anos da colonização, a população se constituía de um aglomerado heterogêneo sem estratificação grupal e, portanto, sem conflitos de interesses. Já, em 1733, havia vários grupos antagônicos com interesses divergentes e conflitantes.

Como à Coroa interessava a fundação das irmandades, as camadas sociais se aglutinavam no seio delas, passando a usá-las como associações de interesse grupal. Não quer dizer isso que a irmandade perca ou reduza suas funções religiosas ou chamadas piedosas. Não havia, àquela época, nenhum antagonismo entre o temporal e o espiritual, então objetivamente definidos e expostos. Havia quase sempre identificação entre os benefícios temporais e os espirituais. Os primeiros eram benefícios econômicos, recebidos em caso de morte ou necessidade extrema; os segundos incluíam, por exemplo, a celebração de missas para "o irmão defunto", o que também custava dinheiro e constituía, portanto, uma espécie de "seguro espiritual" dos irmãos.

Por outro lado, é de se supor que, assim como a Coroa via na irmandade um instrumento útil para atender aos grandes investimentos necessários à construção dos templos, transferindo tais despesas à população, deveria encarar com a mesma simpatia a assistência prestada pela irmandade aos seus filiados, desobrigando-se, assim, desse problema. As irmandades enviavam também à Coroa consideráveis quantias em dinheiro todas as vezes que elas necessitavam de qualquer autorização, concessão ou provisão. É o caso da Irmandade do Carmo de Ouro Preto[3].

Fundada a Irmandade do Santíssimo, que, naturalmente, ocupava o altar-mor, simbolizando a autoridade suprema da corte celeste, surgiam, logo depois, as irmandades dos negros, a N. S. do Rosário, Santa Efigênia ou S. Benedito, que ocupavam os altares laterais. O tempo continuava sua marcha, novas corporações surgiam, agora de mulatos e, também, novos altares laterais. Já que aqui chegamos à explicação de um fato arquitetônico, até então explicado, esquematicamente, apenas pelo desenvolvimento econômico: a disparidade de estilos entre vários altares da mesma igreja. A causa não é simples e mecanicamente econômica, porém, a rigor, muito antes, social. Com o aparecimento de novos grupos sociais, como o dos mulatos e também dos comerciantes abastados (brancos), polarizados depois na Irmandade do Carmo, construíram-se novos altares que correspondiam ao espírito estético da época em que surgiam.

Todavia, o processo social continua, os antagonismos se acentuam, chocam-se os interesses, aprofundam-se os conflitos de classe, e a concepção de cada grupo social torna-se mais consciente, ocorrendo, então, as lutas abertas por qualquer pretexto.

Estamos já no segundo quartel do século XVIII. É necessário, portanto, voltarmos às estatísticas relativas ao nosso segundo período, que compreende 1720 a 1740.

Nesta fase, a população inicial, constituída de brancos e negros escravos, opera vasta miscigenação racial, promovendo a imediata eclosão do mulato.

Neste segundo período, temos quatro irmandades de brancos, duas de pretos e uma de pardos. Os mulatos ainda não constituem uma grande camada definida, embora sejam numerosos. Nesta fase, São João Del Rei apresenta uma irmandade de brancos, a Senhor Bom Jesus dos Passos, de 1733; Ouro Preto, duas de brancos, a São Miguel e Almas (1725) e N. S. do Terço (1736); duas de pretos: a N. S. das Mercês (1743) e a Rosário do Padre Faria, que

---
3. F. A. Lopes, *História da Construção da Igreja do Carmo* de Ouro Preto, p. 18.

se desligara da Irmandade do Alto da Cruz em 1733, sendo de 1740. Mariana apresenta, em 1731, a Irmandade São Pedro dos Clérigos, de brancos. Total de oito irmandades nas quatro cidades.

Finalmente, temos o período 1740 a 1780, que é a fase de imensa atividade das ordens e confrarias, memoráveis conflitos que duraram vários anos com sentenças e apelações sucessivas e infindáveis. É um período, por isso mesmo, riquíssimo de sugestões. Sua estatística revela as seguintes médias: total nas quatro cidades, 24 irmandades novas são criadas, sendo dez de brancos, oito de pardos e duas de pretos. Em comparação com o primeiro período, ocorreu uma inversão: no primeiro, é grande a maioria dos pretos, quando agora estes são substituídos pelos pardos, força nova que surge. Observa-se ainda que os brancos continuam em ascensão. De resto, neste período, ocorreu o aparecimento, em muitas cidades, das poderosas ordens terceiras de São Francisco e do Carmo (brancos), ambas de grande vitalidade e, portanto, de visível influência na vida de Minas colonial.

Pelo tipo de agremiações surgidas, percebemos claramente a nova fase que a região estava vivendo. Essas associações foram as seguintes: duas do Rosário, três da Ordem Terceira de São Francisco, quatro de N. S. do Carmo, quatro arquiconfrarias do Cordão de S. Francisco, quatro das Mercês, uma N. S. das Dores, uma N. S. da Boa Morte (1786), uma S. Bom Jesus do Matosinhos (1770); uma Sagrado Coração de Jesus (1785). Total de 24 corporações nas quatro cidades.

Esta é a idade de ouro das irmandades do Carmo e de São Francisco de Assis, ao passo que quatro arquiconfrarias dos pardos do Cordão de S. Francisco eram de mulatos, assim como as quatro Mercês de pretos, crioulos e militares. É neste período que a função social das irmandades se configura de forma evidente.

Vemos, através dos diversos compromissos, os seguintes aspectos decisivos para o estudo das características sociais das irmandades:

1. O preconceito racial é rigoroso e este fato obriga os homens de cor a se reunirem em irmandades próprias, o que implica o mesmo movimento de aglutinação dos outros grupos brancos, aristocratas e comerciantes. Aliás, os que se unem em primeiro lugar são os brancos,

os quais, não permitindo a entrada de pretos, criam a motivação para que estes organizem suas irmandades, sendo típico neste sentido o exemplo da Rosário do Alto da Cruz, no primeiro período.

2. As corporações, em geral, desempenham função assistencial e previdenciária aos seus filiados, chegando mesmo a emprestar dinheiro a juros[4].

3. As irmandades são, por isso, regidas por princípios estatutários de disciplina coletiva bastante rígida.

Lembramos, ainda, que alguns autores atribuem à finalidade política a fundação de certas irmandades. É o caso sugerido ligeiramente pelo Cônego Raimundo Trindade, com relação à fundação simultânea, em várias cidades, das irmandades dos pardos do Cordão de S. Francisco. Notamos, também, que havia perfeita ligação entre as mesmas irmandades instaladas em cidades diferentes, o que nos parece significativo.

Passemos, agora, à tentativa de documentar as características que acabamos de enumerar, começando pelo preconceito racial, cujo material, aliás, é dos mais vastos.

No compromisso da Irmandade das Almas, da Freguesia de Santo Antônio do Campo de Casa Branca (distrito de Ouro Preto), datado de 1720, no seu capítulo quarto, há uma passagem interessante sobre o assunto "discriminação":

> Os Irmãos q. se ouverem de aceitar nesta nossa Irmde. serão conhecidos por christãos velhos de limpo sangue, sem rumor em contrário, para o que meterão petição em meza, e o Juiz com os mais officiaes, e Irmãos de Meza definirão a votos como lhes parecer e não podera o Juiz per Sy comente aceytar a qualquer sem consentimento dos officiaes, e Irmãos de Meza e o mesmo se estenderá nos mais officiaes [...] e caso que cazem com pessoas suspeitas na Fee, ou de menos será riscada.

No capítulo XXIV, do mesmo compromisso, lemos:

> Por escuzarem descordias e outras inimizades q. poderão suceder aver, não seja aceito nesta Santa Irmandade pessoa algua que não

---
4. Idem, ibidem.

for de conhecida limpeza e sabendo se depois de estar aceito, não será ocupado em lugar algú de Irmão, escrivão ou Juiz, que he o mayor castigo q. pode ter, e não o de ser expulso, pellas conseqüências q. se poderão oferecer.

No compromisso da Irmandade do Senhor dos Passos (1721), da Freguesia de São José do Rio das Mortes, no seu capítulo quinze, observa-se o rigor do preconceito:

> Os Irmãos que se receberem hão de ser sem nenhum escrupullo, limpos de geração, ou sejam nobres, oufficiaes e assim de não terem huns e outros rassa de judeo; o de Mouro, ou de Mulato, ou de novo convertidos de alguma infecta nação, sejam tão bem livres de infamia ou por sentença, ou pella opinião commua, e o mesmo se entenderá das mulheres.

Vejamos agora ligeira passagem do compromisso do Santíssimo Sacramento instalada na Matriz do Pilar. Essa irmandade é do primeiro período, mas o compromisso que conseguimos está datado de 1738. No seu capítulo décimo, há uma passagem significativa:

> No sábado da Alelluya de tarde prerparará o Procurador Hua meza na caza do Consistório, que tem na dita Matriz junto da qual se sentará o Provedor, Escrivão, Procurador, e Thezoureiro com o Reverendo Paracho e pelo dito Provedor seram propostos trez Irmaons dos mais zellosos, *beneméritos e abastados de bens*, para exercerem no ano seguinte seu cargo [...] (O grifo é nosso.)

Observa-se ainda neste compromisso, nos capítulos nono, treze, dezoito e vinte, que todos os pagamentos e honorários eram muito altos.

No capítulo dezoito, lê-se: "Toda a molher cazada com Irmão desta mesma Irmandade, que quizer gozar dos suffragios, e benefícios dela, sendo izenta de infecta nasção, se poderá sentar por Irmã..."

O compromisso da Irmandade de São Benedito, de Mariana, de 1737, em seu capítulo primeiro, reza: "Todo o homem ou mulher preto que se quizer assentar por irmão desta Confraria de S. Benedito sita nesta igreja de N. S. do Rosário dos Pretos desta Vila do Carmo, pagará de entrada uma oitava de ouro que se entregará ao tezoureiro, com Assistência do Escrivão".

O capítulo terceiro afirma: "Para tezoureiro se fará eleição de pessoa abastada de bens e que posa dar fielmente conta".

A confraria possuía contabilidade própria, livros e serviço administrativo organizado. A propósito do detalhe relativo à situação econômica do tesoureiro, convém observar que tal fato se transforma, posteriormente, em conseqüência da decadência do ouro, como se pode verificar em Zoroastro Passos. Revela este historiador que a Arquiconfraria das Mercês de Sabará, a princípio não aceitava homens pardos, e sim pretos, para o cargo de juiz, e brancos, para o de tesoureiro. Em 1818, modifica o capítulo segundo do compromisso, a fim de poder eleger pardos e brancos, indiferentemente, devido ao fato de os pretos "viverem em estado de indigência"[5].

Não raro, a discriminação racial era citada como argumento decisivo nas próprias demandas judiciárias, como na célebre pendência, entre a São Francisco de Ouro Preto e os Pardos do Cordão da mesma cidade; esta pendência, que durou quinze anos, terminou pelo fechamento da última. A demanda foi exaustivamente pesquisada pelo Cônego Trindade, em sua obra *São Francisco de Assis de Ouro Preto*. Adiante trataremos dela.

No compromisso da Irmandade N. S. do Rosário, Tiradentes (1795), poderemos verificar o fato:

> He muito conviniente ao serviço de Deus e Nossa Senhora e ao bem das almas dos fieis que nesta Irmandade se aceite por irmão todas as pessoas que, por sua devoção quizerem servir a Nossa Senhora, tanto eclesiásticas, como seculares; homens e mulheres; brancos, pardos e pretos, assim escravos, como fôrros sem determinar-se numero certo de irmãos, senão os mais q. puderem haver, os quaes.

Nos estatutos municipais da "Ordem 3ª do Seraphin Humano e Glorioso Patriarca São Francisco", da cidade de Mariana (1765), capítulo 24, lê-se: "Se hê branco legitimo sem fama ou rumor de Judeo, Mouro ou Mulato, Carijó ou outra infecta nação e o mesmo se praticará com a mulher sendo cazada".

---
5. Z. Passos, op. cit , vol. II, p. 33.

E agora vejamos o capítulo quarto da Irmandade das Mercês do Tejuco:

> Todos os devotos de qualquer Estado, ou condição que sejam de outra Irmandade de N. S. das Mercês, poderão entrar dando de entrada oitava e meia de ouro, e pagando anualmente meia oitava e querendo ser enterrado na Igreja desta nossa Confraria terá sepultura e missas da mesma forma que tem os Irmãos que servem não obistante que sejam Brancos, Pardos ou Pretos de Guiné, e a Irmandade acompanhará o corpo do Irmão falecido, ou vá este enterrado em outra Igreja, ou na nossa própria [...]

Neste mesmo compromisso, em seu capítulo vinte, lemos:

> Nunca jamais se elegerão por Juizes, e mais oficiaes se não homens crioulos e não se votarão para semelhantes cargos em outras que não forem as mencionadas, e terão sempre preferência os crioulos naturaes desta Comarca, e sucedendo morrer alguma mulher ou filho de Irmão a nossa Irmandade acompará e dará sepultura não há tendo em outra parte, porem estes ditos filhos, e mulheres não terão sufrágio algum.

A expressão "pretos crioulos" distingue os negros nascidos no Brasil daqueles naturais da África.

Essa irmandade não pertence a nenhuma das quatro cidades que estudamos aqui, mas citei o compromisso acima, porque ele oferece uma originalidade expressiva: é que permite a entrada de brancos, mas não permite a sua eleição, exceto para o cargo de tesoureiro. Isso revela que se algum branco entrasse na irmandade, teria, em todos os negócios da mesma, que se submeter à autoridade de homens crioulos, que eram os juízes e oficiais. Já o tesoureiro era sempre branco, porquanto, necessitavam que soubesse ler e escrever, o que não ocorria com os pretos, quase sempre analfabetos.

Não raro, essa discriminação racial rigorosíssima criava problemas, por todos os motivos, contrários ao espírito religioso e à própria essência do cristianismo, revelando a diferença entre as teorias e as práticas humanas. É o caso ocorrido, entre outros, na Ordem Terceira de São Francisco de Ouro Preto, irmandade que era verdadeira potência. Todo o vasto documentário desta ordem foi magnificamente estudado pelo Cônego Raimundo Trindade[6]. É desta obra a seguinte passagem, por todas as razões impressionante:

> Aos quinze dias do mez de julho de mil e sete sentos e sessenta e sinco annos, nesta Villa Rica, de Nossa Senhora do Pilar de Ouro Preto, na Matriz de N. S. da Conceyção desta villa, no consistório della que serve de caza de despacho desta venerável ordem Terceyra de S. Frc., adonde se achava prezente o N° Rd° Padre Comissário e Dor. Pedro Per^a da Silva e o Nosso Irmão vice Ministro fazendo as vezes de Ministro por impedimento do actual e todos os officiaes e completo todo o numero do definitorio com prezença de todos foy lido por mim Secretario atual huma petição em nome do nosso Irmão Antônio Dutra, em que nella expunha que pela Meza preterida que servia a varios anos fora avizado para não usar mais N. St° Abito em todas as festas e funçõis da ordem com o pertesto que se tinha cazado com Mulher parda ao depois de ser porfeço a mt° tempo, o que com efeyto está desquitado della e mais de nove ou dez annos, e que nunqua mais a vio nem com ella conversara, e assim que pedia que pello amor de deos o ademetissem aos Santos exzercicios desta venerável ordem; e depois de assim ser lida [...] e à vista das informações que delle havia foi readmetido.

Este documento diz tudo sobre o radicalismo das irmandades com relação ao problema racial. As ordens terceiras do Carmo e de São Francisco de Assis eram as mais fechadas de Minas, revelando como a estratificação racial atuou nas irmandades e foi também influenciada por elas desde o princípio do século. Ocorre, porém, que na primeira década, embora os compromissos visassem a este dispositivo, a observância deste princípio não era tão radical como a partir de 1730 ou 1740.

São Benedito foi, como N. S. do Rosário, não só durante o século XVIII, como também, posteriormente, uma das devoções mais queridas do homem de cor em Minas. Sua origem, aliás, é significativa. Afirma, por exemplo, Géo-Charles[7] sobre São Benedito:

> Ele se origina de Benoit, o Mouro (1524-1589), santo franciscano e escravo de origem africana, nascido em S. Frantello, depois Messine. Irmão converso, iletrado, cozinheiro, ocupa uma série de

---
6. C. R. Trindade, *S. Francisco de Assis de Ouro Preto*, p. 246 e 247.
7. Géo-Charles, L'Art Boroque Au Brésil, p. 31.

lugares importantes, de diretor, depois mestre de noviços do Convento de Santa Maria de Jesus, em Palermo. A ele são atribuídos numerosos milagres e sua fama se espalhou, depois de sua morte, até à América, onde os infelizes escravos negros o escolheram como patrono.

Géo-Charles se apóia em *A Vida dos Santos e dos Beatos* (R.R.P.P. Baudot et Chausin, Paris).

É digno de nota como Diogo de Vasconcellos teve sensibilidade e intuição para perceber esse problema da polarização social através das irmandades.

Escreveu o veterano historiador[8]: "Na Villa do Carmo, por exemplo, a Matriz pertencia à Irmandade do Sacramento, em cujos estatutos primitivos se lê: Não podem entrar nesta Irmandade judeus, mulatos e hereges".

A propósito das diversas irmandades espalhadas pelas cidades coloniais, escreveu aquele autor:

"A Ordem Terceira do Carmo não admitia sem sindicância um branco da terra; e o mesmo fazia a Ordem de São Francisco".

O Bispo Frei Domingos, devotíssimo do Patriarca Seráphico, para que os homens de cor pudessem prestar-lhe culto, creou uma Archiconfraria com todas as cautelas, a fim de se não confundir com a Ordem Terceira. Esta tinha por padroeira a Senhora da Conceição, vestia-se de hábito cinzento e capa talar; tinha no throno do altar-mor o episódio de Monte Alverne. A Archiconfraria teve a Senhora Rainha Mãe dos Anjos, hábito preto e capa curta e o episódio do Amor Divino.

"Em suma, os pretos creoulos, para não se igualarem aos africanos, que eram do Rosário, instituíram a sua capella das Mercês".

Foi notável a intuição de historiador de Diogo de Vasconcellos, neste lance e em tantos outros. Ele anteviu todo o longo processamento da estratificação social de Minas do século XVIII, nas cidades da mineração, objetivado na polarização das irmandades, que, em conseqüência, deixaram de ser agremiações de finalidade exclusivamente piedosas, caritativas ou religiosas, para assumir

---
8. D. de Vasconcellos, op. cit., p. 28 e 29.

caráter associativo, muitas vezes completamente estranho ao seu próprio enunciado. À página 35 de *A Arte em Ouro Preto*, escreveu Diogo de Vasconcellos: "Os brancos, o Rei e todas as classes dirigentes, para não dizermos opressoras, interesse tinham assaz que os negros algo achassem ao desporto, uma fonte de consolação, um lugar enfim próprio [...]".

Em precioso e longo compromisso da Irmandade do Senhor dos Passos, da Capela de N. S. do Bom Despacho do Córrego, Freguesia de São Joseph do Rio das Mortes, Distrito das Minas, 1721, cuja "Provizão de ereção e fundação – 'desta confraria' – está datada de 1721, do Rio", no capítulo quinze ("O número e calidades que ham de ter os Irmãos e do modo com que serão recebido"), lê-se:

> Os Irmãos que se receberem hão de ser sem nenhum escrupulo, limpos de geração; ou sejam nobre; ouficiaes; e dos que não forem nobres, não sejam menos a sua esfera, que ouficiaes e assim de não huns, e outros rassa de judeo; o de Mouro, o de mulato, o de novo convertidos de alguma infecta nacção, sejam tão bem livres de infamia ou por sentença, ou pela opinião commuha.

No compromisso da Irmandade do Rosário, filial da Matriz do Pilar, fundada em 1710, documento este hoje pertencente ao Museu da Inconfidência e pesquisado, pela primeira vez, por Francisco Antônio Lopes, encontramos várias passagens esclarecedoras sobre o sentido social das irmandades. Os principais trechos desse compromisso foram publicados em conhecida obra daquele historiador, intitulada *Os Palácios de Vila Rica*[9].

Por um documento de 1761, publicado nesse livro, ficamos sabendo que, para transportar o Santíssimo do Pilar à nova capela que haviam edificado, os irmãos do Rosário construíram, com recursos próprios, uma rua que: "hoje he a melhor e de mais comerço q. tem a d. a V.a". (op. cit., p. 194).

Em 1761, el-rei confirmava a doação de um terreno que a Câmara fizera à irmandade, para a construção de sua capela: "em remuneração pelo q. tinham obrado em utelidade publica"; "a serem os suppes

---
9. F. A. Lopes, Os Palácios de Vila Rica, p. 194.

homens pobres, e a mayor p. te. delles Escravos sustentando com decencia o culto de Maria Santissima"[10].

Cada irmão pagava, de entrada, oitava e meia de ouro e meia oitava, anualmente. Quanto à posição social dos irmãos, afirma o documento: "Toda a pessoa preta, ou branca, de hum, e outro sexo, forro ou cativo, de qualquer nasção que seja, que quizer ser Irmão desta Irmandade irá a meza, ou a caza do Escrivão da Irmandade pedir lhe faça assento de Irmão o qual Escrivão lhe fará termo ou assento no livro q. para isso haverá destinado"[11].

Na mesma página e ainda citando um trecho do mesmo estatuto, lê-se: "Haverá nesta Irmandade, hu Rey e hua Raynha ambos pretos de qualr. nassão q. sejão, os quais serão eleitos todos os annos em meza a mais votos".

O rei e a rainha davam dezesseis oitavas de ouro de esmola. As Rosários eram as únicas irmandades que elegiam anualmente rei e rainha, sendo, portanto, as sociedades que instituíram e deram continuidade à tradição popular da conhecidíssima festa do Reisado que se realizava em 6 de janeiro de cada ano. A tradição do Rosário vem de Portugal.

Comparando os textos dos compromissos das corporações de brancos com as de pretos, vemos que os primeiros proíbem o ingresso do homem de cor, ao passo que as irmandades de pretos permitem a entrada de qualquer indivíduo, inclusive de brancos. Além disso, especificam que filhos de qualquer nação podem ingressar, quando os brancos proíbem a entrada de pessoas originárias de "qualquer infecta nação", isto é, judeus, mouros ou africanos.

O Reisado é outro aspecto curiosíssimo de aculturação ou miscigenação religiosa, ainda não suficientemente estudado em Minas. Quanto às principais devoções religiosas dos pretos, a julgar pelo que vemos neste compromisso, são as seguintes: "Serão eleitos em meza, na mesma forma, q. os Juizes do Rozario, os Juizes e Juizas de S. Benedito, Santo Antonio de Cathalagerona,

---
10. Idem, ibidem.
11. Compromisso citado por F. A. Lopes, op, cit., p. 195.

Santo Elesbão e Santa Efigênia, que se achão na mesma capella anexos à mesma Irmd^e. e debaixo da proteção de Nossa Senhora do Rosário".

Passagem ainda curiosa pelo seu contraste com o mesmo detalhe, quando observado nas irmandades de outras classes ou grupos, é a seguinte: "Terá esta Irmandade hum Sacristão preto, que seja Irmão, e bem procedido (não tendo a Irmd^e. seu cativo), o qual a meza escolherá para este emprego"[12].

Como veremos adiante, havia outras irmandades, por exemplo, a Ordem Terceira do Carmo de Ouro Preto e a São Francisco, que possuíam escravos e os compravam. Este é, portanto, outro contraste: enquanto uma irmandade proíbe a sua posse, a outra adquire o escravo, consignando o fato em documento próprio. Isso é fenômeno singular e que revela a feição contraditória da estrutura colonial. Não faltará quem veja em tais diferenciações o ecletismo dos métodos coloniais portugueses. Ainda que se admita esse ecletismo, no caso em tela, deve ter havido outras determinações mais substanciais e decisivas.

Fato significativo que podemos notar através da análise da discriminação racial, na capitania de Minas, é que a formação e a estratificação dos valores e "lealdades" (dos mitos em linguagem weberiana), não é a mesma para os agrupamentos diferentes. Dentro do contexto geral (isto é, do modelo colonial), os conceitos valorativos de cada grupo social diferem entre si. No nível dos comportamentos estudados, há mesmo valores que se chocam com os outros: certas irmandades se estribam no centralismo elitista; outras, pelo contrário, proclamam uma abertura eclética quanto à posição social dos seus filiados. Já se vê que problemas como estratificações devem ser pesquisados sem esquematismos.

Se há conceitos ou juízos de valor diferentes no interior de uma sociedade, que vive regida pelo absolutismo português, é de se concluir que as circunstâncias conjunturais do processo estimularam o dinamismo dessas diferenciações. A Ordem Terceira

---

12. Idem, p. 197. O fato é controvertido. Ver J. Scarano, Devoção e Escravidão, p. 72.

de São Francisco, por exemplo, apresenta em São Paulo, Minas e Pernambuco o caráter elitista etc.[13], ostentando um comportamento uniforme em todas as regiões. Mas, em Minas, ela se caracteriza por um espírito polêmico constante. Basta considerar que o seu pleito contra a Ordem Terceira do Carmo durou quinze anos.

O que pretendemos aqui não é verificar o fato (de há muito já constatado) da existência da discriminação racial na história da colônia. Mas buscar, através dessa ocorrência, as mutações de valores em cada agrupamento social: se uma associação, ou várias delas, proibia a entrada do homem de cor, outras exigiam que os irmãos fossem de cor. Isso é o que importa verificar e explicitar.

Isto é, buscamos os "pontos de vista" valorativos, diferentes e opostos, dentro do mesmo sistema ou do mesmo contexto. Trata-se, portanto, de uma questão axiológica.

Vemos que quando se *idealiza* um "tipo psicológico" afirmando que este é o tipo de mineiro, precisamos saber a qual mineiro estamos nos referindo, ao racista ou ao mulato, àquele procedente da zona de mineração ou a outro, que se originou da pecuária, ou ainda das regiões cafeeiras e assim por diante. Se há um comportamento social, um modelo de atitudes próprias do mineiro (ou específico da mineiridade) como constância, seria um comportamento, sim, mas pertencente ao mineiro da determinada classe social e que chamamos "agrupamentos intermediários". Os grupos citadinos de um estrato médio fizeram-se atuantes em Minas, desde o princípio do século XVIII, ao contrário do Nordeste, histórico e socialmente formado pela polarização social em decorrência da infra-estrutura calcada na empresa açucareira, na produção do fumo e na pecuária extensiva. Aquele grupo intermediário tem sido considerado como o representante único da *mineiridade*. Todavia, outros "tipos" são também representativos do homem de Minas, tais como, o fazendeiro coronelão, o boiadeiro, o vaqueiro (tipo projetado por Guimarães Rosa), além do pioneiro criador de gado

---

13. J. A. G. de Mello, *Antônio Fernandes de Matos 1671-1701*, "Do despacho comprova-se que a Ordem III exigia a condição de 'branca' para a órfã ser adotada; aliás, a Ordem III foi, desde os seus começos muito zelosa da branquidade dos seus membros." Refere-se à S. Francisco de Pernambuco.

indiano, que foi à Índia (no princípio do século XX) importar várias raças bovinas, sem esquecer o banqueiro de Minas, originário da pecuária do norte e do oeste do estado. Lembremos ainda a figura do tropeiro, marcante e fundamental à organicidade das vigências econômicas da sociedade, tropeiro que foi, durante dois séculos, uma espécie de homem-instituição-financeira, até hoje tão pouco pesquisado pelos historiadores.

No estudo das irmandades do século XVIII, percebemos muitas raízes das formações sociais de Minas, no momento histórico mesmo em que nasceram. Nesse caso, está a organização interétnica da sociedade mineradora.

Nesse sentido, o fato de o modo de produção ter-se baseado na escravidão, e esta, por sua vez, ter-se apoiado no contingente africano em conseqüência de os indígenas não terem se adaptado (em Minas, foram exterminados gratuitamente) ao sistema escravocrata, além do fato de a Igreja (pelo menos teoricamente) combater a escravização do índio, permitindo a do homem de cor, acarretou todo um encadeamento de valores ou "mitos" que constituíram elementos de grande influência na formação do comportamento ideológico do minerador. O escravo de origem africana tornou-se logo o suporte instrumental da produção, seja ela açucareira ou extrativa. Isso projetou o escalonamento dos grupos de acordo com a sua função na organização da produção.

Dessa forma, as irmandades obedeceram à estruturação ideológica da sociedade e, ao mesmo tempo, intensificaram aquela norma codificada na ação prática, tirando as vantagens possíveis dentro das circunstâncias coloniais. Há, portanto, um ajustamento do código religioso ao código social, acoplados ambos pelo código lingüístico e o religioso. Silviano Santiago, em Vieira e a Palavra de Deus[14], chama a atenção para o fato de a articulação dos dois códigos ser fator decisivo do proselitismo luso no trabalho de divulgação da ideologia colonial.

Voltaremos ao tema no final deste ensaio, capítulo das conclusões.

---
14. S. Santiago, Vieira e a Palavra de Deus.

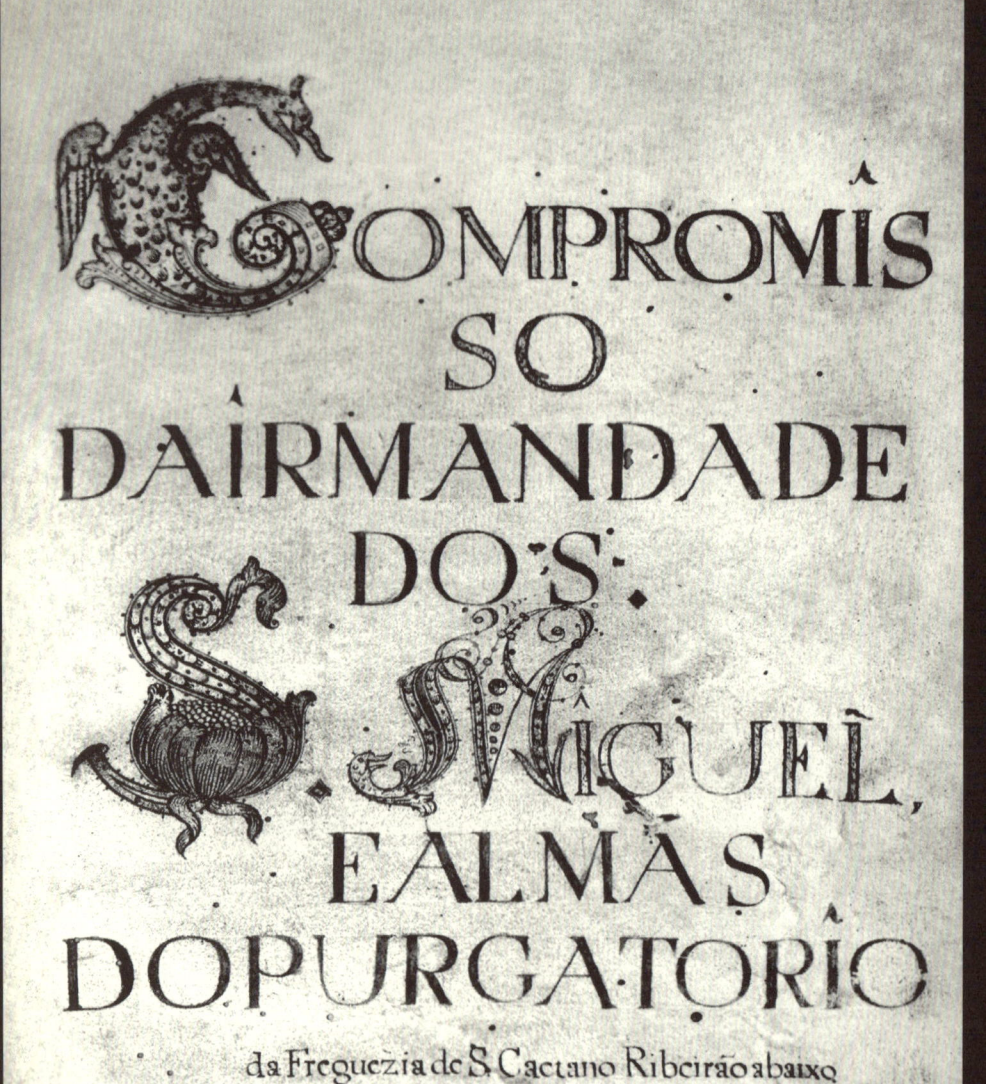

Compromisso da Irmandade dos S. Miguel, e almas do Purgatorio

da Freguezia de S. Caetano Ribeirão abaixo
ANNO. MDCC. XXII.

Capítulo II
Categoria Social e Econômica das Irmandades

As irmandades religiosas no interior de Minas, durante o século XVIII, apresentam as seguintes constâncias relativas à categoria socioeconômica dos seus associados: Santíssimo Sacramento, N. S. da Conceição, São Miguel e Almas, Bom Jesus dos Passos, Almas Santas e poucas outras, eram de brancos das camadas dirigentes ou reinóis; Rosário, São Benedito e Santa Efigênia, de negros escravos; N. S. das Mercês, N. S. do Amparo, Arquiconfraria do Cordão, de mulatos e crioulos, ou mesmo pretos forros; São Francisco de Assis e Ordem Terceira de N. S. do Carmo pertenciam aos comerciantes ricos e altos dignatários; estas últimas apareceram a partir de 1745 ou 1750, o que é expressivo.

A origem do nome "libertação dos cativos" prende-se ao fato de a Mercês ser uma ordem de militares, fundada para lutar pela libertação dos cristãos escravizados pelos mouros. Também em Minas, a Mercês pertencia aos militares. Temos, pois, irmandades correspondentes aos grupos sociais. É claro que há exceções, como uma Rosário em Ouro Preto (Padre Faria), que pertencia a brancos e negros, além de haver outras menos conhecidas, como a São Pedro dos Clérigos, em São João Del Rei, que provavelmente abrigava em seu seio homens abastados, mas a constância que se repete em todas as cidades da mineração é aquela acima enunciada. É fácil a demonstração desse fato através dos diversos compromissos estudados. Observando, por exemplo, as contribuições em dinheiro às suas respectivas irmandades, vamos encontrar os seguintes fatos: no compromisso da Irmandade de São Benedito (1737), Mariana, no seu capítulo primeiro, lê-se: "pagará de entrada uma oitava de ouro que se entregará ao tesoureiro [...] e pagará anualmente outra oitava de ouro [...]"

Uma oitava corresponde à oitava parte da onça; esta equivale a 31 gramas, (isto é, 31.913 gramas). Em Portugal e, portanto, também em Minas, no século XVIII, uma oitava valia mil e duzentos réis, que correspondem a mil e quarenta cruzeiros, calculada ao valor atual do grama-ouro em 260 cruzeiros. Depois da capitação, volta a oitava a valer mil e duzentos réis.

Essa importância em ouro, como jóia ou entrada, era a quantia habitual exigida por grande número de irmandades.

O capítulo quarto do mesmo compromisso refere-se ao fato: "Dará o Juiz, de esmola, no ano do seu juizado, vinte oitavas; o escrivão, dez oitavas; o tezoureiro, cinco oitavas; o procurador, cinco oitavas; os mordomos ou Irmãos da Mesa, quatro oitavas cada um..."

Nos *Estatutos da Venerável Ord. 3ª de N. S. das Mercês dos Perdões*, de Antônio Dias, Ouro Preto, no seu capítulo sétimo, já redigido no século XIX, isto é, em 1837, lê-se:

> Artigo 13º. – Cada Irmão pagará indisctintamente, antes ou no acto da profissão, de entrada a quantia de trez mil réis (3$000) e de annual a de seis centos réis.

Artigo 14º. – Os Irmãos Mesarios são obrigados a pagar no anno em que se servirem as seguintes joias: O Prior, sessenta mil reis (60$000); a Priora, cincoenta mil reis (50$000); o Vice Prior, quarenta mil reis (40$000); a Vice Priora, trinta mil reis (30$000); o Syndico, vinte mil reis (20$000); o Deffinidor, oito mil reis (8$000); o Vigario e a Vigaria, seis mil reis (6$000); o Sachristão e Sachristã, treiz mil reis (3$000).

O artigo dezesseis estabelece que ficará isento de contribuição todo aquele que pagar de uma só vez a importância de sessenta mil, explicando ainda que aquelas pessoas que, "estando em idade decrépita ou em artigo de morte quizerem professar-se, pagarão a mesma quantia; não ficando a Ordem enhibida de receber maior, como donativo, e quando espontaneamente lhe seja offerecida".

O interesse que uma pessoa "em artigo de morte" poderia ter em entrar para a ordem, nos parece hoje uma atitude estranha. Todavia, à época, era fato naturalíssimo, porquanto tais pessoas supunham que a ordem lhes poderia garantir uma série de benefícios extraterrenos, além de sepultura, missas etc. A propósito, afirma o artigo 24: "A Ordem é obrigada a dar sepultura aos filhos legítimos dos Irmãos professos até a idade de sete anos".

Entre os diversos compromissos de irmandades por nós pesquisados, encontra-se o "Estatuto Municipal da Ordem Terceira. do Humano e Glorioso São Francisco de Mariana, aprovado, e corrigido pelo M. R. P. Ex. Gustódio Fr. Ignácio da Graça, Ministro Provincial da nossa província do Rio de Janeiro. No ano de 1765".

Trata-se de um documento alentado em páginas, trabalhado e desenhado com requintes plásticos e que ostenta um texto dos mais curiosos e completos. Todos os aspectos da vida da Ordem Terceira foram abordados pelos redatores do estatuto.

A julgar pela carta da mesa dirigente da ordem que abre o volume, este foi redigido pelos "Amados e Caríssimos Srs. Miguel Teixeira Guimarães e Francisco Soares Bernardes". Eram dois eruditos da época ou como tal considerados pela mesa.

O Reverendo José dos Santos Coelho, irmão vice-comissário, ilustra o estatuto com um soneto camoniano de sua lavra, que "humilde e reverente dedica, oferece e consagra". Não encontramos poesias em nenhum outro compromisso de qualquer época.

Vejamos as razões que a Mesa invoca para justificar a escolha dos Senhores Miguel Teixeira Guimarães e Francisco Soares Bernnardes:

> [...] elegemos em mesa a V.V.C.C. e também ao nosso charissimo lirmão Procurador Geral, para que unidos, possão idealos com o mais edificado aserto que acharem ser útil a N. Venerável Ordem, para melhor conservação da mesma e se evadirem confusoens infalíveis, que no prezente e futuro resultão na falta dos ditos Estatutos, e da especial inteligência de V.V.C.C. confiamos, que nos conciliará por meyo delles huma bem regular união, [...]

Fazem parte da mesa: Luciano Pra. da Costa (Comissário Visitador), Pedro da Costa Mages. (Secretário), Francisco Soares de Ara. (Vice Mino.), Tomás José de Oliveira (Procurador Geral), Manoel Carvo e Sylva (Syndico), Paulo de Souza Mages. (Definidor), Manoel Mendes da Fonseca (Definidor), Antônio Mg. de Araújo (Definidor), Antônio Inácio de Azevedo (Ex-Definidor), Domingos Lopes de Carvalho (Definidor), Tomé Dias Coelho (Definidor). Documento datado de 1763.

O definitório possuía, portanto, sete irmãos. Mas o capítulo sétimo, p. 45, afirma que o "Difinitorio [...] se comporá de doze Diffinidores". A Ordem Terceira do Carmo, de Mariana, tinha dez definidores conforme afirma o capítulo dezesseis do seu compromisso. Trata-se de uma das ordens mais rigorosas do século XVIII com relação à posição social dos seus componentes. Nesta fase, segunda metade do século, é que as irmandades se fecham em seus agrupamentos, pois os primeiros cinqüenta anos de mineração foram suficientes para proceder à polarização social ao ponto de já existirem camadas estratificadas nas Minas, como a dos comerciantes, a qual pertencia à Ordem Terceira de São Francisco de Assis.

O texto do compromisso da Ordem Terceira de São Francisco, de Mariana, refere-se aos interrogatórios a que eram submetidos os candidatos a irmãos de forma insofismável, descendo mesmo a detalhes profissionais e outros atributos pessoais. E já na carta que abre o compromisso, à página cinco, carta dos autores dirigida ao Pe. Comissário e irmãos da mesa, datada de 12 de janeiro de 1763, há referência óbvia ao nível do candidato: "[...] pois avendo na N. Venerável Ordem Sugeitos desfera superior, e distinta capacidade, em virtude, e letras, circunstancias estas precizas para a boa norma, e feliz complemento de empreza tão dificultosa [...]".

E logo no quarto parágrafo dos estatutos: "E nos mesmos interrogatórios se perguntará juntamente se o pretendente he de procedimento honesto, e se exercita algum officio vil da República, ou a qualidade da pessoa com quem é cazado".

Excetua do interrogatório os sacerdotes, cavalheiro do hábito de Cristo e familiar do Santo Ofício, além das pessoas que foram apresentadas por irmãos que "derem testemunhos".

O parágrafo quinto reza:

> Toda pessoa que houver de ser admitida a esta Santa Ordem, terâ bens de officio, ou agencia de que se possa commodamente sustentar, E não astendo não serão admitidos excepto as pessoas que forem caixeiros de logeas de fazenda seca, ou molhados, porque estes, ainda que ao presente não tenhão, contudo estão aptos para estabelecer negocio de que se possão sustentar, contanto, que nelles concorrão os mais riquizitos.

É claro o texto transcrito. Interessante, também, é a exceção para a profissão de caixeiro. O exercício desta era visto, pela irmandade, como uma segurança de estabilidade econômica. Ao passo que, nessa mesma fase, o trabalho de minerador já não podia oferecer muita tranqüilidade financeira.

Neste compromisso, no seu parágrafo segundo, vemos também o caráter francamente fechado da ordem:

> Se na meza houver algum Irmão que saiba algum defeito do pretendente, quando correr o escrutínio deitará duas, ou mais favas pretas, em modo que senão perceba, E contando-se os votos, achando-se demais do que as vogaes, o Reverendo Padre Commissário mandará correr segunda vez o escrutínio, E o Irmão que tiver lançado as favas pretas, segunda vez o fará, E tornando-se a contar, E achando como na primeira, se virá no conhecimento de

> que algum Irmão sabe algum defeito do pretendente, E logo o Reverendo Irmão Commissário dirâ se transfira o despacho daquella petição para outra conferencia. E o Reverendo Commissário em Meza dirâ que o Irmão que lançou as favas pretas debaixo da pena de Santa obediencia lhe fale particularmente em sua caza.

E continua o parágrafo terceiro do mesmo capítulo, insistindo no tema:

"E sabendo o Reverendo Commissário o defeito do pertendente, entrarâ na averiguação da verdade delle, como também se entre o Irmão, E o pertendente reina algum odio, ou ma vontade, por que tudo deve ser attendivel".

E o compromisso continua tratando exaustivamente do controle rigoroso que se deveria exercer sobre os candidatos a irmão da Ordem Terceira do Glorioso e Humano São Francisco, prevendo as burlas de alguma pessoa que, acaso, pretendesse contornar todas as dificuldades. O parágrafo onze do estatuto se refere concretamente ao fato:

> Por que muitas vezes tem acontecido que alguns pertendentes depois de serem escuzos, por esta Veneravel Ordem, vão meter se Irmãos em outra Congregação da mesma, a onde acham mais facil a entrada, E depois vem aqui agregar-se com Patente, ordenamos que qualquer pessoa que for moradora dentro no districto desta Congregação, que assim o fizer não possa ao depois ser admitido a esta Ordem, por modo algum, nem os que pela veneravel Ordem terceyra de N. S. do Monte do Carmo forem repudiados.

Esta passagem é curiosa, porquanto revela quase que uma combinação tácita entre as duas grandes ordens terceiras, a do Carmo e São Francisco, que polarizavam o mesmo agrupamento social, comerciantes abastados. A seguir, o compromisso transcreve uma norma da petição que deveria escrever e assinar o candidato para, no capítulo do interrogatório, afirmar a exigência de sua branquitude:

> 1 Item: Se eh branco legitimo, sem fama ou rumor de Judeu, Mouro, ou mulato, Carijó ou outra infecta nação, é o mesmo se praticará com a molher, sendo cazado.

2 Item: Se o pertendente foi já penitenciado pelo Santo Officio por alguma culpa, ou seus Pays, E se forão julgados por suspeitos na Fé.

3 Item: Se foi sentenciado pelo Juízo geral pelo crime de ladrão, E matador ou se por isso enforcado em estatua.

4 Item: Se o pertendente he de boa vida, e Costumes, ou se he constituido em alguns vícios de lascívia, bebado, julgador publico ou da caza de jogo publica ou vai por officio a ella.

6 Item: Se o pertendente se ocupa em algum officio de Meirinho, ou tem corte de carne, é exercita o matar, esfollar é pezar ao povo.

No capítulo quarto, o compromisso estabelece que os nomes dos candidatos recusados devem constar, com as razões da recusa, de um livro próprio que será arquivado na ordem e mantido em absoluto segredo: "[...] ficando advertido a não por despacho em petição alguma de pertendente, sem primeyro examinar no dito livro se o pertendente lê algum daqueles que se acham reprovados".

Esse livro funcionava, pois, como uma espécie de fichário da ordem, no qual se registravam "os defeitos" dos candidatos não aceitos.

A introdução desse compromisso, chamada pelos autores de Proêmio, constitui pequena peça francamente gongórica, de certo sabor literário. Ostenta mesmo, às vezes, verdadeiro requinte estilístico. Começa com o dístico inicial nos seguintes termos: "No tribunal das leis se formarão as leis: Descerão do Céo, e foram achadas pelos homens, como afirma German; Non dubito leges Coelho fluxisse salubres, Humano inventas, quis putet ingenio".

Logo depois, vem uma enumeração dos grandes legisladores da Antigüidade, começando com Moisés, Phroneo, Solon, Mercúrio, Licurgo, Numa Pompílio, Hiteas e Zamolsis. Parece ser característico da Ordem Terceira de São Francisco, herança trazida do espírito dos dirigentes da ordem, em Madri, a preocupação com "as leis" e a relação entre o jurídico e o divino.

O compromisso citado aborda, então, a pureza de origem daquela ordem, cuja "lei" veio do céu e foi achada por São Francisco, que incessantemente a implorava a Deus. E logo no período seguinte, encontramos este lampejo estilístico que nos relembra, de repente, o nosso moderníssimo Guimarães Rosa: "Em tudo são as Leys à luz conformes".

E a seguir:

> Hua Republica que senão organisa com a luz dos Economicos preceytos, precizamente hade titubear entre os horrores da mais cega confusão: (como diz o sábio Bias). 'Pelo contrário o que se Economisa por derectivos documentos tanto se realsa nos acertos, que se faz distincto como a luz entre as escuras sombras.
>
> Muitos escolherão as sombras, e refutarão a luz como diz o evangelista São João.
>
> Nem todos querem a luz por norte.

Todo este proêmio é um elogio à lei e sua rigidez, lei que emana de Deus para dirigir a vida dos homens. Feito esse aviso em linguagem barroca e trechos latinos, o estatuto começa então a estabelecer "suas leis", com o espírito bem mais temporal e nada franciscano, como vimos há pouco.

Voltando à vida financeira das irmandades, vemos que eram pequenas as fontes financeiras da Ordem Terceira de São Francisco de Mariana. O seu capítulo sexto, que trata dos afazeres e deveres de irmão síndico, encarregado de receber os donativos, especifica no parágrafo primeiro o seguinte: "[...] pertence a nossa Ordem, como são entrada de novíssimos, profissoens, annuaes, esmollas mezarias [...]"

As entradas dos novíssimos eram, segundo o parágrafo cinco do capítulo 25: "Serão obrigados os nossos Irmãos Novissimos a darem sua esmolla, para ornato do Noviciado, conforme sua devoção, mas nunca será, menos de meya oitava de ouro".

O capítulo 21, parágrafo primeiro, afirma:

> O nosso Irmão Ministro dará de sua esmolla Mezaria cento e vinte mil reis. O Irmão Vice Ministro secenta mil reis. O Irmão Secretario vinte e quatro mil reis. O Irmão Syndico vinte mil reis. O Irmão Vigario do culto divino, E seu irmão coadjutor attendendo ao grande trabalho, que deve ter cada hum doze mil reis. O Irmão Enfermeyro não pagará nada attendendo a seu trabalho. A Irman Ministra sincoenta mil reis com declaração, que sendo necessario para aumento da Ordem o

ficarem reeleitos os Irm^(es.) Secretario, Procurador, Vigario do Culto divino e seu Irmão coadjutor, e estes em todo o tempo, que servirem de reeleitos não pagarão couza alguma de esmola Mezaria, só se voluntariamente o quiserem fazer [...]. Darão os Irmãos diffinidores cada hum vinte mil reis.

Concluímos, portanto, que somente uma pessoa de vasto cabedal econômico poderia ser eleita para qualquer cargo desta Ordem Terceira. As quantias acima citadas são altíssimas para a época, 1760-1770. Para se avaliar a imensa diferença de posses entre os irmãos dessa irmandade e os filiados a outras, basta comparar suas contribuições com aquelas que citamos, há pouco, das Mercês dos Perdões de Ouro Preto, em que cada irmão pagava de entrada três, o prior sessenta; portanto, a metade do que pagava o Ministro da São Francisco, isto é, 120. E não se pense que havia possibilidade de alguém não pagar ou ficar devendo à ordem qualquer contribuição. O estatuto prevê todas essas possibilidades e indica como devem ser feitas as cobranças, com absoluto rigor; possuía a ordem para isso nada menos que seis síndicos, cuja tarefa principal era cobrar e controlar quem estivesse atrasado. Os irmãos pagavam mil e duzentos em prestações e três mil réis de entrada. O estatuto da Ordem Terceira do Carmo de Mariana, no seu capítulo 33, aborda também objetivamente o problema das contribuições. Aliás, este compromisso exigia que o tesoureiro fosse contabilista. Todas as irmandades dão destaque ao assunto "cobranças".

Houve mesmo casos, como o de um credor da irmandade do Carmo de Ouro Preto que, para saldar a sua dívida, teve que entregar um escravo de sua propriedade, como se pode verificar do seguinte documento:

> Pelo ano de 1767, como não possuísse a Ordem do Carmo nenhum escravo, reuniu-se a Mesa (339) e deliberou que "como se havia vendido o preto desta ordem p^(los.) vícios em que havia cahido e hera precizo comprar-se outro p^(a.) o serviço da mesma e dar capim p^(a.) o cavalo, se devia comprar e como o Alff^(es.) Guilherme Teix^(ra.) tinha um preto p^(r.) por nome Manoel Angola, e o ajustou o custo no preço de

cem mil réis e dele havia conhecim° por ter trabalhado nas obras desta ordem sentarão em que no d° preço se comprasse, e o Irmão Herzr° pagasse d°ᵉˢ· sem mil reis"¹.

Revela, o mesmo autor que, mais tarde, Catarina de S. Costa, preta forra, propôs à mesa liquidar sua dívida para com a ordem, dívida esta que era de

> 23,8 e 41 vintens de ouro de resto e principal, e juros que tinha tomado à mesma Sôbre uns pinhores, e que por se não achar com ouro pa. satisfazer a dª quantia nem se querer desfazer de algumas pesas de ouro dos dᵒˢ pinhores pª· a dª· solução offerecia hû negro seu por nome Ignacio Sabará q. ouve por (?) de compra, e tinha pago e (?) hia sem embaraço algû, e que pelo beneficio, que tinha recebido desta veᵉˡ· ordem em lhe esperar pela dª· divida offerecia e dava esmola, o mais que valesse o d°· escravo, ficando assim satisfeita a dª· divida e pq· validade lhe doava cedia e trespassava todo o domínio q. tinha no dᵉ· escravo ficando assim pertencendo à dª· venᵉˡ· ordem de hoje para todo o sempre, cuja doação fazia mesmo de sua livre vontade e sem constrangimento de pessoa algûa [...] e ouvida a dita proposta, pela Meza, por todos uniformenᵉ· foi determinado que se fizesse aceitação da dª doação na forma da dª· proposta acima [...]².

O trecho é de relevante significação, pois revela que as ordens religiosas emprestavam dinheiro a juros e que, nessa função creditícia, tão pouco espiritual, atingiam núcleos da população fora do seu agrupamento social, pois a vítima "era uma preta forra", quando sabemos que na Ordem Terceira do Carmo não entravam pessoas de cor. Revela ainda o mesmo autor, à mesma página, que mais tarde essa ordem veio a possuir outro escravo, "o preto Antônio de Nassão Angola, doado por João Soares de Barros". Do ato, encontrou Antônio Francisco Lopes a escritura de doação. Outros documentos revelam que outras ordens possuíam escravos e emprestavam dinheiro a juros. Está nesse caso, por exemplo, a Ordem terceira de S. Francisco de Ouro Preto, sobre a qual o cônego Trindade revelou o seguinte documento[3]: "Termo em que se determinou que o noso C. Irmão Sindico Antônio da Silva Braga

---
1. F. A. Lopes, *História da Construção da Igreja do Carmo de Ouro Preto*, p. 99.
2. idem, ibidem.
3. C. R. Trindade, *Hist. da Igreja de S. São Francisco de O. Preto*, p. 271.

assista com todo a necessario de comer para os escravos e ainda os feitores brancos que hão de continuar no desatêrro etc".

Quanto aos empréstimos a juros, vemos à página 245 da mesma obra, o seguinte: "Em 1757, a Ordem emprestou à juros 800$000 ao Pe. Simão da Costa Xavier e em 1758, 1:200$000 a Manoel Pereira Guimarães e 1:000$000 a Domingos Fernandes Gonçalves. Em 1763 pagava foros de cinco casas"[4].

No mesmo capítulo, o Cônego Trindade cita passagens do livro de receita da ordem. Ficamos então sabendo que do ano de 1751 a 1774, a receita bruta foi de 126:529$142[5].

Quanto à Irmandade do Santíssimo Sacramento do Pilar de Ouro Preto, segundo os capítulos oito, treze, dezoito e vinte do compromisso (de 1738), as contribuições são altíssimas.

Já se vê que as irmandades religiosas do século XVIII não resumiam suas atividades à ação apostolar e espiritual proclamada por seus compromissos. Eram organizações que funcionavam no plano social, inclusive emprestando dinheiro a juros.

Como acentua o historiador Francisco Antônio Lopes, no seu livro citado, a Irmandade do Carmo emprestou dinheiro a juros, não só a particulares, como também ao próprio governo, atuando portanto, realmente, como casa bancária.

Esse autor transcreve a carta do capitão general governador da capitania, Luiz Diogo da Silva, sobre o assunto, solicitando a operação, no seguinte trecho:

> A falta de Barra, como que se acha esta Provedoria, pella de sulimão que com mta. Bervid[e.] se espera e a obrigação de fazer alguns consideráveis pagamentos que não admitem demora, segundo as ordens regias q. os determina me faz emdespensavel valler de Vm.[se.] e dos mais Irmãos da Mesa dessa Ven[el.] ordem de Nossa Sr[a] do Monte do Carmo para q. queirão fazerme o mesmo favor que praticou a de Sam Fran[co.] que conxiste em emprestarem a dita real fazenda todo o cavedal que tiverem prompto, na referia moeda Barra debaixo

---
4. Idem, p. 245.
5. Idem.

de canção de ouro em pó porque logo que chegue sulimão se lhe restituhir com a entrega deste na pré dita Barra, o importe em pó, que lhe fica em Lypotequa. = Espero que Vmc$^{es.}$ hoje as dês horas rezolvão esta matéria afim de me darem a resposta de soa rezolção na junta que esta manhã se faz pello Procurador da mesma Ven$^{el.}$ Ordem ou por outro ql. q^r Irmão que detriminarem no que farão servisso a Sua Mage fidelicima e a mim me darão particular motivo para me confeçar obrigado a Vm.^{es} [6].

A Mesa se reuniu no mesmo dia e realizou o empréstimo. Com isso ficamos sabendo que tanto a Ordem Terceira de S. Francisco como a dos Carmelitas emprestaram dinheiro ao governo da capitania.

É de notar ainda no texto citado, sobre o Carmo, o cuidado que tiveram em induzir a vítima a frisar que fizera a doação espontaneamente, isto é, sem ser coagida, o que nos leva a supor a possibilidade desta coação. A cautela cuidadosa na redação do documento se nos apresenta, portanto, como indício psicológico dos mais evidentes sobre os processos violentos, ocasional ou freqüentemente, usados pelas irmandades em algumas de suas atividades. De resto, tais processos se revelam também de forma evidente através das batalhas judiciárias travadas constantemente pelas diversas corporações, e que serão motivo de capítulo posterior. Nessas demandas, a linguagem usada, com freqüência, estava eivada de verdadeiros insultos que determinada ordem lançava contra outra, à guisa de argumentos. Essas invectivas, que alguns historiadores citam por seu sabor humorístico, encerram, para nós, uma significação de maior conteúdo.

Quanto ao detalhe dos candidatos que se apresentam na hora da morte, isto é, "que chegam em perigo de vida a pedirem o nosso santo hábito", diz o estatuto da Ordem Terceira de São Francisco de Mariana, que "se lhe não lance o hábito, nem professe, sem dar primeyro esmolla de cinqüenta oitavas de ouro [...]" (capítulo 23).

Essa preocupação de quase todos os compromissos com os candidatos "em artigo de morte", já demonstrada anteriormente, revela a função assistencial exercida pelas irmandades. Pertencer

---

6. Idem, p. 97.

à ordem durante a vida, cumprindo suas obrigações disciplinares, já era sedutor, mas, no fim da vida, tornava-se indispensável.

A propósito ainda do controle que as irmandades exerciam sobre os credores, a Ordem Terceira de São Francisco de Mariana, afirma: "Declaramos outrossim que os Ims. de Meza que servirem, se no fim do anno não pagarem a sua esmolla Mezaria passarão hum credito corrente à Meza para esta por elle poder cobrar, E se recolherá no Archivo E no anno em que servirem de Mezarios não pagarão annual".

Antes de a irmandade enviar esse compromisso ao Rio, seu texto foi aprovado pelo reverendo padre Fr. Fernando de S. José Menezes, comissário visitador geral, e toda a mesa passada e atual assina o documento. A aprovação é do Fr. Ignácio da Graça Leão, ministro provincial no Rio de Janeiro.

Outro compromisso confeccionado com raro cuidado e belo desenho de uma cartela barroca na página de rosto, é o da Ven. Ordem Terceira de N. S. do Monte do Carmo, corporação de alto gabarito social como a São Francisco e, como esta, da cidade de Mariana. Logo depois, Ouro Preto e Sabará organizaram as suas, o que determinou protesto do Carmo de Mariana, cuja jurisdição atingia aquelas cidades. As irmandades do Carmo, no interior de Minas, tiveram ação social e religiosa decisiva durante o século XVIII. Contribuíram de forma notável para o engrandecimento da arquitetura religiosa, com as magníficas igrejas do Carmo de Sabará, de Ouro Preto e Mariana, as duas primeiras com célebre colaboração de Antônio Francisco Lisboa. Neste particular, o Carmo foi seguida de perto pela Ordem Terceira de São Francisco, responsável pelas duas igrejas proclamadas por sua magnificência arquitetônica, a São Francisco de Ouro Preto e aquela de São João Del Rei. Em ambas, o Aleijadinho deixou a sua garra.

Como se sabe, a Irmandade do Carmo era uma ordem poderosa e importante. Acabamos de demonstrar que possuía mesmo vários escravos para seus serviços. Já no princípio do século XIX e, portanto, em plena fase de decadência do ouro em Minas, a contribuição financeira exigida pela ordem aos seus irmãos não é pequena. No capítulo quarenta do estatuto, lê-se: "Pagará cada Irmão hua oitava de ouro em cada anno: o Prior de sua mesada cento e sincoenta mil reis; o Superior settenta e cinco e os mais mezarios a vinte oitavas cada hum. A Irmãa Prioreza Sincoenta oitavas. A Superioreza vinte e sinco: A Irmãa zeladora doze oitavas e meia".

A importância de 150 mil reis como mesada do prior é uma exorbitância para a época. Somente um indivíduo realmente muito rico poderia ocupar tal cargo.

A Ordem Terceira de Sabará cobrava de entrada, a cada novo irmão, a quantia de duas oitavas; ao prior, oitenta oitavas de ouro; ao sub-prior, quarenta oitavas e à irmã prioreza, quarenta. Mas, já em 1817, o documento é bastante claro:

> foi proposto pelo Irmão Procurador o Capitão Antônio Gomes Batista, que em razão da decadência dos tempos erão demaziados as mezadas, bem como os Annuaes. E o Irmão Prior passou a pagar de mezada a quantia de secenta mil reis – 60$000, o Sub-Prior trinta e assim por diante[7]. O pretendente moribundo deveria pagar quarenta oitavas[8].

O compromisso do Carmo de Mariana, estudado por nós, é de 1807, sendo, portanto, uma espécie de reedição do primitivo. A ordem foi fundada em 1751, isto é, três anos antes da primeira reunião para fundação da mesma Ordem Terceira do Carmo em Ouro Preto, o que ocorreu no ano de 1753. A de Mariana funcionou, anteriormente, na capela de São Gonçalo, pois iniciou a construção da sua igreja em 1786, terminado-a em 1826. A igreja do Carmo de Sabará também é da década dos setenta e a de Ouro Preto iniciou-se em 1766, concluindo-se em 1830. Pela proximidade das datas, vê-se que cada período histórico apresenta a eclosão de determinadas irmandades em todas as cidades. É que elas estavam intimamente relacionadas com o processo de polarização

---

7. Documento transcrito por Z. Passos, *Em Torno da História de Sabará*, vol. II, p. 80, 52, 51, 62 e 63.
8. Idem p. 51.

social ocorrido. No segundo quartel do século, essa polarização já havia criado grupos estanques. O grupo das pessoas abastadas e comerciantes se une nas duas irmandades de São Francisco e Carmo. Também os mulatos (pardos) se organizam amplamente nesse período através das agremiações: Mercês, Pardos do Cordão e S. José dos Bem Casados.

Vemos, portanto, num resumo de tudo o que foi dito até agora, que as irmandades no princípio do século, ou seja, na primeira década, incluíam homens de todas as classes sociais, sendo que os negros, mesmo nesse período, agrupavam-se na irmandade do Rosário, São Benedito ou Santa Efigênia; os brancos, na Santíssimo Sacramento. Encontram-se, nessa época, irmandades do Rosário com brancos e pretos.

A partir de 1720, ou melhor, da fase do levante de Felipe dos Santos em protesto contra a instalação pela Coroa das Casas de Intendência e Fundição, cuja lei é de 11 de fevereiro de 1719 (fato que só se concretizou em 1726-1727), inicia-se o processo de aglutinação social. Acentuam-se os antagonismos. Fora vencida a fase emboaba, cujo conflito fundamental era completamente diferente: lutara-se naquela guerra civil para saber quem dominaria a região, se os ex-bandeirantes transformados em grandes senhores rurais (proprietários das sesmarias doadas pela Coroa) ou os forasteiros transformados em prósperos comerciantes, alguns também mineradores, como Nunes Viana, Pascoal da Silva, Amaral Coutinho e muitos outros.

A partir de 1715, porém, esse conflito inicial é substituído por nova motivação; inicia-se o processo de antagonismo entre os mineradores e comerciantes contra a política tributária da Coroa. Como demonstra Xavier da Veiga, os paulistas se colocam ao lado da Coroa e os emboabas contra esta. Tenta a corte de ultramar pressionar violentamente a colônia pela tributação através das Casas de Fundição, e ocorre o levante que retardou essa providência administrativa até 1727. Como assinala José Felício dos Santos, a história oficial de Minas nas primeiras décadas do século XVIII se resume nos avanços e retrocessos da Coroa, procurando uma fórmula viável e eficiente para tributar a colônia, e a luta dos mineradores para evitar ou burlar a tributação. A capitania de Minas foi criada em 1720 e seu primeiro governador foi D. Lourenço de Almeida.

A partir de 1730, acentua-se o conflito de interesses antagônicos dentro das irmandades. Também nessa fase recrudesce a luta da população contra a Coroa. As Câmaras oferecem arrobas por ano para evitar a capitação, e a oferta é recusada. Tal capitação, estabelecida em 1733, é suprimida em agosto de 1754. Estamos no governo do Conde Galveas. É um período de grande agitação nas Minas e principalmente no Tejuco[9]. Há conflitos por toda a região de Minas. Conflitos estes que culminam na segunda metade do século, de 1770-1780, indo até a Inconfidência.

A década 1770 registra o apogeu das ordens terceiras do Carmo e São Francisco, de um lado, como aglutinadoras dos "homens bons", isto é, dos homens prósperos, e, de outro, dos pardos, através das ordens do Amparo e dos pardos do Cordão. Essa foi a grande época dos mulatos, quando o Aleijadinho atingia suas altas culminâncias, a plena posse de seu poder criador excepcional. Época cheia de intelectuais, poetas e compositores exponenciais, quando a região de Minas possuía um número maior de músicos do que a própria corte de ultramar.

Apesar da decadência do ouro, já muito pronunciada nesse período de profunda agitação social, foi imenso o poder alcançado pelas duas ordens terceiras, a do Carmo e a de São Francisco. E foi esse alto poderio que fez com que sobretudo a Ordem Terceira do Carmo conseguisse resistir à brutal decadência que se abateu sobre as irmandades, principalmente sobre as de negros e mulatos – durante a fase que compreende 1780 até 1820 ou 1822, quando, praticamente, termina o ciclo das irmandades com a Proclamação da Independência. Neste período entre 1780 e 1820, os compromissos falam, como naquele trecho citado, que os povos caíram "em estado de indigência". Zoroastro Passos[10]

---
9. J. Felício dos Santos, *Memórias do Distrito Diamantino*, p. 66.
10. Z. V. Passos, op. cit., vol. II, p. 330.

transcreve trechos do estatuto da Ordem do Carmo de Sabará relativos a anuais e outras contribuições reduzidas. O mesmo autor descobriu as modificações sofridas pelo compromisso da irmandade das Mercês no seu artigo segundo, que, como não admitia para os cargos de oficiais e juiz a eleição de homens brancos e pardos, passa a admiti-los, em 1817, devido ao fato de "os pretos viverem em estado de indigência". As irmandades dos pardos, parece, foram as que mais sofreram as conseqüências da depressão econômica. No entanto, as duas ordens terceiras, a do Carmo e a de São Francisco, conseguiram resistir bastante à crise. Criaram uma tradição social no interior de Minas e, durante todo o século XIX, um irmão do Carmo era algo categorizado socialmente no meio em que vivia.

A marca do sistema de agrupamento social das irmandades foi tão grande, que, mesmo depois de desaparecidas as estruturas política e econômica que lhes deram origem, nas cidades de mineração, permaneceram ressonâncias desse *status* até nos primeiro decênios do século Xx. A propósito, o historiador João Camillo de Oliveira Torres, no seu *O Homem e a Montanha*[11], escreveu sugestivo capítulo. As irmandades realizaram como que um escalonamento da população nas cidades da mineração. O espírito de classe nessas cidades, sobretudo de certo grupo que se achava aristocrático mesmo quando já havia perdido o poder econômico, era impressionante. E, pelo toque do sino em finados, ao longe, já se sabia que havia falecido um irmão do Rosário, do Carmo ou do Santíssimo. Ser irmão de determinada irmandade era título honorífico até mesmo já no princípio do século passado, quando havia desaparecido por completo toda razão e motivação para as corporações. O espírito grupal dessas ordens foi tão forte que encontramos até irmandades fundadas no século Xx. Estas, porém, são naturalmente destituídas de interesse para a finalidade do nosso estudo.

Por outro lado, ao passo que notamos com inegável evidência o sinal social na mentalidade dos habitantes das cidades da mineração, observamos também que, nas cidades cuja área geoeconômica

---

11. J. C. de O. Torres, *O Homem e a Montanha*, p. 124.

se situa na pecuária, não existe essa formação nítida, nem mesmo o conceito puro de aristocracia. Existe, nessas regiões, o poder econômico criado pela pecuária, aliado a certa tradição de criadores, mas o que contribui para definir a posição social do indivíduo são as suas posses. Não importa que seus antepassados tenham sido, ou que ele mesmo seja, desta ou daquela irmandade. Aliás, estas não tiveram nenhuma significação na história de cidades como Montes Claros, Uberaba, Teófilo Otoni, ou mesmo na zona da mata e do sul de Minas, que foram e são regiões agrícolas.

A formação social das zonas agropecuárias, mesmo aquelas que foram antes mineradoras, como Paracatu, que atravessou dois ciclos, é de acentuada tendência patriarcal. Imperava o paternalismo, a amizade protetora entre o patrão e o vaqueiro. Também esse espírito patriarcal perdurou até no século XX, quando funciona o paternalismo.

As manifestações e reações sociais das cidades da mineração e o comportamento social dos seus filhos caracterizaram-se por certo dinamismo de comportamento que os patriarcais conceituavam como aventureirismo e que nós já preferimos conceituar como audácia ou espírito renovador.

Observou João Camillo de Oliveira Torres[12] que a luta religiosa nas zonas da pecuária toma aspecto de luta de classes, porquanto as minorias religiosas são constituídas pelas camadas operárias, que se tornam espíritas e protestantes, quando as classes mais privilegiadas são, em sua maioria, católicas. Nesse caso, devemos considerar que para essa configuração do problema nessas regiões, em épocas tão diferentes como o século XVIII, deve ter havido outras influências ou fatores determinantes que escapam à nossa pesquisa. Mas não se pode negar que as irmandades religiosas, promovendo os estamentos, em organizações estanques das diversas camadas sociais, proporcionaram uma estruturação orgânica daquela luta de grupos, impedindo a introdução de outros cultos e absorvendo, para a Igreja, os cultos africanos, os quais, em Minas, diluíram-se muito mais

---
12. Idem, ibidem.

rapidamente do que, por exemplo, na Bahia, o que, em parte, foi perda lamentável de elementos culturais de conhecida riqueza estética.

Acontece, ainda, que a corporação, permitindo ao escravo e ao mulato ingressarem nos seus próprios organismos, proporcionou uma forma de luta, um veículo próprio e adequado, além de legal, para a apresentação das suas reivindicações. É por isso que, quando se aprofundam os antagonismos de classe no seio da sociedade, intensificam-se os conflitos entre as irmandades. Tais atritos refletiam o que se passava na vida social da região.

A propósito do escalão social das ordens e confrarias, Zoroastro Passos, em sua obra *Em Torno da História de Sabará*, observa que nesta cidade, durante todo o século, havia pronunciada maioria de irmandades de cor sobre as de branco. Diz o historiador da cidade do Borba[13]: "No fim da primeira e da segunda década do século XVIII, começaram a florir as irmandades e capelas de pretos e pardos".

Afirma que, em 1761, ao se fundar a Irmandade dos Pardos do Cordão, havia a Rosário, a Amparo e a Mercês, quando somente existiam duas de branco, S.S. e Carmo.

Realmente o ocorrido demonstra, ainda, de forma bastante clara, que as irmandades surgiam ou permaneciam durante o século XVIII, tanto as de branco como as de homens de cor, determinadas e condicionadas pelo aparecimento dos grupos sociais. A Irmandade do Amparo, de Sabará, embora de pardos, é do princípio do século, o que está praticamente provado pelo próprio Zoroastro Passos na obra citada, em que publica os restos de documentos relativos a essa irmandade.

Sendo do princípio do século e sendo de pardos, é uma exceção, que, talvez, encontre sua explicação no fato de a colonização sabarense ter se iniciado bem antes de 1700, como este mesmo historiador sempre tentou demonstrar. Pode ser também que se tratasse de uma irmandade pertencente aos pardos mamelucos, como afirma Diogo de Vasconcellos a propósito de Ouro Preto. Entretanto, pelo meado do século, o número de mulatos aumentou,

---

13. Z. V. Passos, op.cit., vol. II, p. 323.

tendo havido diferenciações econômicas no seio do grande grupo social, e surge então a Mercês, que, aliás, era de pretos crioulos. Continua o processo intenso de cruzamentos étnicos e, vindo o estímulo de fora, surge a Confraria do Cordão, a qual, aliás, nasceu simultaneamente em quase todas as cidades da mineração. Esses aspectos da história das irmandades em Sabará demonstram, de forma concreta, a estreita correlação entre o aparecimento dessas ordens e o processamento social e suas diferenciações grupais.

Quanto à documentação das irmandades mais antigas de Sabará, hoje está completamente desaparecida. Zoroastro Passos já encontrou, de todo o acervo, apenas um restolho, ou seja, trechos de estatutos e papéis avulsos muito danificados. O historiador publicou, em sua obra acima citada, todos esses restos encontrados. No entanto, depois disso, os mesmos avulsos se perderam no incêndio que destruiu o arquivo do historiador, em Belo Horizonte.

Do conjunto perdido, destaca-se a documentação da Ordem Terceira do Carmo e a construção de sua igreja, que estabelece de forma definitiva a participação de Antônio Francisco e outros naquela obra singular da nossa arquitetura tradicional.

Resta-nos, ainda, tecer algumas considerações sobre as duas ordens terceiras, a de São Francisco e a do Carmo. Eram duas grandes irmandades que tiveram decisiva projeção durante o século XVIII em todas as cidades da mineração. Tão semelhantes são, em certos aspectos, que, ao observador menos avisado, poderá escapar o verdadeiro conteúdo social das mesmas, quando este conteúdo muitas vezes se identifica ou se confunde, sugerindo completa semelhança entre as duas ordens.

No entanto, essas duas grandes agremiações alimentavam pronunciada rivalidade uma contra a outra, lembrando uma espécie de concorrência ou emulação entre dois clubes ou associações em determinado meio social. Essa rivalidade influiu, como se sabe, na grandeza de nossa arquitetura religiosa tradicional, porquanto a construção de uma igreja despertava na outra ordem o interesse de realizar outro templo mais belo. E quem ganhou com a disputa foram os artistas, como Ataíde e Antônio Francisco Lisboa.

Sabemos também que a Ordem Terceira do Carmo era, de todas as irmandades de Minas, a mais rica. Há variedade de fatos e documentos que situam o Carmo em lugar de evidente destaque econômico. De todas elas, foi a irmandade que resistiu por mais tempo ao grande ocaso da mineração. Embora cedendo para resistir, a Ordem Terceira do Carmo existe, praticamente, até em nossos dias, tanto em Ouro Preto, como em Sabará, ao passo que, em Mariana, seus bens foram incorporados a um colégio religioso. Isso revela seu grande poderio econômico passado.

Parece fora de dúvida que, no século XVIII, a irmandade de São Francisco (Ordem Terceira da Paciência) pertencia a certas camadas aristocráticas, ou que como tal se consideravam, como reinóis e bandeirantes. Isto em São Paulo, a julgar pela obra, de rara utilidade, do Frei Adalberto Ortmann O. F. M., que chega a publicar até mesmo a lista dos irmãos de São Francisco em São Paulo, a fim de demonstrar o escalonamento social representado por essa irmandade. Afirma este historiador, cujo alentado trabalho sobre a ordem, em São Paulo, encerra abundância de informes e dados, que os "Irmãos Terceiros" eram, a princípio, pertencentes à "raça dos gigantes", mas, posteriormente, entraram para a ordem muitos homens de negócios, o que contrariou profundamente aquele historiador. Vejamos uma das passagens desse livro[14]:

> O termo "homens bons" é de acepção jurídica e as leis qualificam assim as pessoas gradas do povo que figuram em listas especialmente feitas com o direito de voz passiva e ativa para os cargos públicos. A fraternidade da Ordem Terceira de São Paulo (refere-se à capital paulista) se compunha, ou em sua maioria talvez, exclusivamente, destas pessoas gradas, de modo que sempre figuravam entre os oficiais da Câmara Municipal Irmãos Terceiros, onde ininterruptamente tinham assento desde o ano de 1698 até 1800, com a única exceção de 1779.

À página 35 da mesma obra, o autor publica longa lista dos irmãos que contribuíram para as obras da capela em 1734. São 26 irmãos

---
14. Frei A. Ortmann O. F. M. *História da Antiga Capela da Ordem Terceira. da Penitência de S. Francisco em São Paulo*. O Livro focaliza a época 1676-1728.

que deram, no total, 164$160. Comentando a relação citada, diz o autor: "Esta relação é, em seus nomes, altamente significativa entre os seus coevos, ou como magistrados municipais, funcionários do governo régio, como políticos ou, em maior número, como capitalistas e negociantes de renome[15].

A seguir assinala a transformação ocorrida àquela época em São Paulo: "O cenário tornou-se outro, surgiram os 'homens novos', suplantando no governo da cidade os netos dos antigos sertanistas".

À página seguinte, fornece pequena biografia dos novos irmãos, isto é, da mesma lista de 1734, quando 22 deles eram negociantes.

Em Minas, esses homens do comércio ingressaram, em sua maioria, na Ordem Terceira do Carmo, que por isso mesmo, era aquela de mais sólida economia. A Ordem Terceira de São Francisco, embora não desprezando os "burgueses" do tempo, era mais caracteristicamente a irmandade dos intelectuais. A começar pelo estilo do seu estatuto, do qual transcrevemos, há pouco, longos trechos, e que se distingue dos demais compromissos por sua evidente preocupação com a forma e, sobretudo, com o revestimento erudito de todas as suas passagens. À Ordem Terceira de São Francisco de Assis (de Ouro Preto) pertenceram alguns intelectuais da mais alta categoria e talento do século XVIII, em Minas, como, por exemplo, o célebre e tão culto como avançado Cônego Luiz Vieira da Silva, como demonstrou, com profusão de dados, o Cônego Raimundo Trindade. Afirma este autor[16]:

> Por eleição da Meza, realizada a 19 de agosto de 1770, foi o Padre Luiz revestido das funções de Comissario. - Algo de extraordinario houve nessa eleição, visto como o sacerdote eleito não era do clero de Vila Rica e desempenhava um cargo público em Mariana.
>
> Parece-me lícita uma conjectura. O Conde de Valadares, por essa época Governador das Minas (1770), julgo que dispensava merecido apreço aos homens de letras da capitania. Terá sido esta a razão por que Cláudio lhe dedicou a primeira edição de suas poesias e se animou a buscá-lo - 'Superior Mecenas' - para patrono de seus versos.

---

15. Idem
16. C. R. Trindade, *S. Francisco de Assis de O. Preto*.

Sugere ainda o historiador que a proximidade da inauguração parcial da igreja teria, ainda, concorrido para a eleição de Luiz Vieira da Silva, grande orador sacro, que, desta forma, tornar-se-ia, naturalmente, indicado para proferir o sermão da festa inaugural do templo. Esclarece ainda o Cônego[17] que o Conde de Valadares fora eleito, a 17 de setembro de 1769, Protetor da Ordem Terceira de São Francisco de Ouro Preto.

Afinal, houve delação contra o Cônego Luiz Vieira da Silva, que teve de se documentar perante a mesa. A denúncia afirmava que o famoso inconfidente "não era professo em alguma das Ordens Terceiras da Paciência"; o que, diziam, era suficiente para anular sua eleição. O mais impressionante é que a eleição do Padre Luiz Vieira da Silva só foi confirmada um ano após a sua realização.

O Cônego Trindade, a seguir, publica na íntegra a carta do Padre Ministro Provincial, Inácio Santa Rita Quintanilha, do Rio de Janeiro, negando-se a aprovar a eleição e, finalmente, a resposta da Ordem Terceira ao Provincial[18].

Esta última está vazada em estilo literário refolhado, apresentando ainda acentuados laivos diplomáticos. De qualquer forma, revela o espírito dos grupos dos intelectuais, a maneira de argumentar habitual a esse grupo. E é inegável que argumenta com rara objetividade em defesa da eleição. O Padre Luiz Vieira, afirma a carta, era professo da Ordem em Mariana.

Esse empenho em se colocar o Padre Luiz Vieira da Silva, tendo ou não sua origem, como sugere o Cônego Trindade, no interesse do Governador, é significativo como o é também o fato de este Governador, autoridade política suprema, ser protetor da ordem.

Concluímos que a Ordem Terceira de São Francisco era a irmandade dos intelectuais e altos funcionários, ao passo que a Ordem Terceira do Carmo englobava ou aglutinava em seu seio, de preferência, o grupo dos comerciantes. Isso, porém, não pode ser encarado de forma esquemática. Deve ter havido muitas exceções.

---

17. Idem, p. 201.
18. Idem, p. 203-204.

A constância principal, todavia, vários fatos o sugerem, parece esta acima indicada. Cláudio Manoel da Costa era da Ordem Terceira Franciscana e Dr. José Corrêa da Silva foi o comissário do Carmo de Sabará. Entretanto, esta última cidade não possuía a Ordem Terceira de São Francisco. O provincial Inácio da Graça Leão, em carta de 1766, à São Francisco de Ouro Preto, dizia que seus "fundos servem somente para dar de comer a letrados"[19].Queria dizer com isso o polêmico provincial, provavelmente, que as ordens em geral gastavam excessivamente com encomendas aos letrados. Pode ser também que a alusão tenha outra intenção mais ferina ainda. Informa Manuel Bandeira, no *Guia de Ouro Preto*, à p. 119: "Cláudio Manoel da Costa foi advogado da Ordem desde 1771, recebendo anualmente para isso 60 oitavas de ouro".

Sabemos que Manoel Francisco Lisboa pertencia à Ordem Terceira do Carmo, ao passo que seu grande filho, Antônio Francisco, era professo da Irmandade de S. José, corporação de carpinteiros, como sua própria vocação o revela, sendo irmandade de pardos. Observa-se, ainda, no Carmo de Sabará, muitos ouvidores, juízes e intendentes. João Gomes Batista, abridor de cunhos em Vila Rica e provável mestre de desenho de Antônio Francisco, foi prior da Ordem Terceira de São Francisco. Era um intelectual de grande prestígio. Francisco Xavier de Brito, autor da obra de talha da São Francisco do Rio e da Pilar de Ouro Preto, pertencia à Irmandade de São Miguel e Almas, em 1741. Em 1746, trabalhou como arrematante na Matriz do Pilar, sendo sua a magnífica talha dessa igreja. Sua arte parece ter impressionado fortemente ao genial Antônio Francisco[20].

O conhecimento da história da Ordem Terceira de São Francisco poderá ensejar amplas e variadas pesquisas. É o caso, entre outros, da arquitetura barroca do século XVIII. Outro tema que se pode estudar baseado naquela historia é o comportamento grupal dos intelectuais da época, suas opções estéticas e mesmo políticas.

---

19. Idem, p. 151.
20. Sobre o assunto, v. G. Bazin, *L'Architecture religieuse au Brésil*.

No decorrer do período, é bastante clara a ocorrência de duas correntes conceptuais no seio do agrupamento da *intelligentsia* em Minas: uma, dos clérigos e figuras ligadas à cúpula social, e, outra, da mesma cúpula, que atuava com motivações ideológicas diferenciadas. O conflito entre Tomás Gonzaga e Luiz Cunha Menezes (governador no período de 1783 a 1788) vem objetivar essa disparidade de pontos de vista. Gonzaga, como autoridade que era, lutou contra o governador em nome de todo um grupo[21]. Devemos considerar que o discutido ouvidor era português, com uma formação jurídica concluída naquele "universo" peculiar ao absolutismo peninsular. Suas concepções, portanto, parecem-nos, hoje, pontilhadas de contradições as mais agudas. Mas, num plano geral, a atmosfera mental dos intelectuais da época era, não só conflitante, como dinâmica e plena de implicações ideológicas. Percebemos claramente as divergências políticas dos grupos em choque.

A questão deve ser analisada em uma pesquisa específica, já que o nosso tema não é propriamente a história da vida intelectual do século XVIII.

Entretanto, parece certo que a Ordem Terceira de São Francisco englobava intelectuais de tendências tanto barrocas como neoclássicas, confirmando ser esta agremiação a preferida pelos escritores e artistas plásticos, arquitetos, mestres de desenho, como João Gomes Batista e altos funcionários, o que não impedia de havê-los também em outras irmandades.

Como já acentuamos, o estilo do compromisso e da carta que o acompanha, de autoria dos irmãos Miguel Teixeira Guimarães e Francisco Soares Bernardes, são documentos expressivos do barroquismo gongórico típico da primeira metade do século. E sabemos ainda, a julgar pelo citado *Prólogo*[22] de Cláudio Manoel da Costa que, ao adotar outra solução estético-literária, o intelectual tinha consciência crítica da impregnação barroca em sua "escritura".

---

21. M. R. Lapa, *As Cartas Chilenas*. Sobre os aspectos negativos das concepções de Tomás Gonzaga, A. Ávila, *O Lúdico e as Projeções do Mundo Barroco*.

22. *Obras Poéticas de Cláudio Manoel da Costa* – Tomo I, Garnier, 1903, Rio. O texto do poeta inconfidente é de 1768; o compromisso comentado, de 1765.

Vemos que o autor do *Vila Rica* encarnava a transição literária barroquismo/neoclacissismo como teoria do "novo", ao passo que a maioria dos intelectuais do tempo, filiados à mesma irmandade, continuaram mantendo o barroquismo tardio até o fim do século.

Daí talvez se possa concluir que a dinâmica do sistema conceptual do século XVIII, em Minas, apresenta funda contradição, tanto nas manifestações estéticas da sociedade mineradora, como também nas formulações políticas. É possível ainda que essas contradições se projetem ou se mesclem a outras que eram inerentes ao próprio governo português. Ver, por exemplo a referência feita pelo pesquisador Raimundo Trindade à dedicatória de Cláudio Manoel da Costa ao Conde Valadares, *Carta Dedicatória* "Ao Exmo. Sr. Dr. José Luiz de Menezes Abranches Castello Branco". O conde foi nomeado governador de Minas tendo apenas 22 anos. O jovem fidalgo filiara-se ao iluminismo pois estávamos na época do Marquês de Pombal. Seu governo transcorreu entre os anos de 1768 e 1779. Presumimos que era de fato amigo dos intelectuais, tendo criado o chamado "subsídio literário", tributo destinado a instrução pública[23]. Quer nos parecer fato bastante ilustrativo. Ora homenageavam o poder nesses termos, ora escreviam, por exemplo, *As Cartas Chilenas,* e em ambas as posições eram sinceros. Quanto à figura do cônego inconfidente, Luiz Vieira da Silva, professor de filosofia em Mariana e considerado por alguns como um dos "teóricos" do movimento abortado, é de se registrar seu relevo entre os escritores do tempo. Vieira da Silva era, segundo elementos documentários conhecidos, um erudito e um espírito superior em meio ao ambiente tão festivo como criativo do século minerador.

Sabemos, hoje, que sua biblioteca se compunha de "270 Obras com cerca de 800 volumes". O fato está comprovado nos *Autos da Devassa da Inconfidência*[24]. No rol dos exemplares encontrados, vemos vários títulos versando sobre história natural e medicina, o

---

23. Idem, p. 95.
24. E. Frieiro, *O Diabo na Livraria do Cônego. Autos da Devassa da Inconfidência Mineira*, p. 445, Rio. (Avaliação dos Livros seqüestrados).

Obras, de Verney e o *Arte Poética,* de Cândido Lusitano, esses dois os principais teóricos do neoclassicismo em Portugal; Bussuet, de tanta influência na época, Quintiliano, Cícero e Horácio, completando o elenco formalizador do movimento arcádico, e mais, Condilac, Montesquieu e Descartes, compêndios de lógica, de história do mundo e da América, além de muitas outras obras fundamentais para um espírito "ilustrado". Esse "rol dos livros seqüestrados", não só indica o alto nível intelectual do Cônego Vieira da Silva, como também revela a penetração do iluminismo no século XVIII em Minas.

Notamos a atitude discreta e consciente de Vieira da Silva nos interrogatórios a que foi submetido no processo da inconfidência. Só se conhece atualmente o texto de um único sermão de Luiz Viera da Silva. É peça de evidente interesse que pode proporcionar discussões e sugestões das mais importantes como documento relativo a um intelectual inconfidente em 1778. Há duas fontes para o estudo dessa peça: o manuscrito pertencente ao Sr. Rubem Borba de Morais e o texto transcrito em um dos seus livros pelo Cônego Trindade[25]. Focalizando as duas fontes, o ensaísta Affonso Ávila[26], visa estabelecer um paralelo entre o conteúdo e a linguagem de dois textos (discursos) de autoria de dois sermonários, Freire Batalha[27], na primeira metade do século, e Luiz Vieira da Silva, na fase final da mesma centúria. Procura o autor, no paralelo das duas peças oratórias, verificar o contraste entre o barroquismo do primeiro e o neoclassicismo do segundo período. Vemos, então, que as transformações ocorridas na vida social de Minas durante o século XVIII encontram, segundo tudo indica, clara correspondência no comportamento estético e conceptual do grupo de intelectuais. Transformações estas, pensamos nós, que alteraram o modo

---

25. R. Trindade, *Arquidiocese de Marian.* O Sermão foi microfilmado para publicação *em Barroco* 5 (1973 – UFMG) por Affonso Ávila.

26. A. Ávilla, *Da Linguagem Barroca ao Discurso Reto - Dois Sermões na Vila Real de Sabará,* p. 65. O sermão de Vieira da Silva, *Oração Fúnebre,* focaliza a figura do ex-vigário da paróquia de Sabará, D. Lourenço José de Queiroz Coimbra e Vasconcellos.

27. Manoel Freire Batalha, *Sermão na Funesta e Magnífica Pompa,* com que na Sua Igreja de N. S. *da Conceição da Vila Real de Sabará das Minas,* etc. Trata-se de homenagem póstuma ao bispo do Rio de Janeiro, Dom Antônio de Guadalupe.

de conceituar o relacionamento da colônia com o poder absolutista português, o que foi evidenciado pelo movimento fracassado de 1789.

As duas vertentes do século XVIII, o barroquismo e o arcadismo, não se refletem apenas no plano estético. Além do comportamento esteticista, ou junto a ele, encontramos, com freqüência, uma atitude política que chega à ação prática. E esta atitude política, muitas vezes, expressa uma situação claramente conflitante. É o caso do poeta barroco e também elemento destacado do clero, Cônego Francisco Xavier da Silva. Parece ser ainda o caso do Vigário Mathias Antônio Salgado, também pesquisado por Affonso Ávila (*Barroco 3*). O poema cartaz de autoria do vigário sanjoanense, peça altamente expressiva do barroco, intitula-se *Exposição do Emblema do Sol Mitra* e é, no fundo, uma alegoria fantástica sobre o acontecimento, "montado" num carro alegórico que desfilava em homenagem ao bispo.

Entretanto, Xavier da Silva não teve vida muito tranqüila, pois esteve, pelo menos duas vezes, seriamente envolvido com a justiça do tempo. É o que nos informa o escritor Heitor Martins[28] ao fazer o levantamento crítico da complicada e densa simbologia do poema. Frisa, então, as complicações políticas nas quais se envolveu Xavier da Silva. Sabemos que, em 1752, foi determinada sua prisão em conseqüência de irregularidade relativa ao culto do Sagrado Coração de Jesus. Nesse episódio foi despronunciado. Mas, logo depois (em 1760), estava envolvido na divulgação de "um papel sedicioso, a favor dos padres da Companhia de Jesus". Xavier da Silva teve um companheiro em sua ação tida como "subversiva"; foi o Padre Francisco Costa, donde se conclui que a corrente favorável aos jesuítas e, portanto, contrária ao Marquês de Pombal (tão festejada pelos poetas da Inconfidência e por Silva Alvarenga) possuía também seus adeptos em luta acesa. Há até mesmo um verdadeiro "pombalismo literário" na expressão do mestre Antonio Candido[29]. Este cita, como exemplos objetivos de manifestações literárias que são também opções políticas enfaticamente pombalinas, *O Uraguai*, de José Basílio da Gama e *O Desertor,* de Silva Alvarenga.

---

28. H. Martins, *Xavier da Silva, heterodoxo brasileiro*. "Ocidente".
29. A. Candido, *Formação da Literatura Brasileira*, vol. I, p. 75.

Sabemos também da ação ampla e fecunda de algumas entre as chamadas academias científicas e literárias. Em conseqüência da sua militância em uma ou duas delas, Silva Alvarenga foi preso e processado no Rio, já depois da inconfidência.

A julgar pelo processo de instalação e desenvolvimento das irmandades, a diversificação das camadas sociais, na segunda metade do século, configura-se da seguinte maneira: surgem numerosas associações de pardos pertencentes aos agrupamentos intermediários, assim como, agremiações da cúpula da sociedade que são S. Francisco e N. S. do Carmo, ambas na classificação de ordens terceiras. O fato nos autoriza supor que os comerciantes da fase inicial, já agora, desenvolveram-se e estratificaram-se como grupo definido e forte dentro do contexto. Esse grupo passou a se constituir de pessoas que detinham parte do poder econômico da região e era grupo não ligado diretamente ao poder político.

Em conseqüência das transformações da sociedade mineradora, a vida intelectual e artística também apresenta modificações essenciais. É de se notar que uma "feição" barroca espetacular de se pensar e se manifestar esteticamente foi aí substituída por outra, mais íntima e requintada, mais "francesa", isto é, mais ilustrada. O patético e o solene cedem lugar "ao gracioso e íntimo", disse Arnold Hauser analisando o rococó. É esta exatamente uma das magnificências maiores de Antônio Francisco: tornar leve o que era pesado, tornar humano o que era frio e solene.

A propósito da ocorrência de duas concepções no século XVIII, vemos pela análise estético-literária que na primeira metade do período prevalece o barroco e na segunda, o arcadismo, isto é, a partir de 1770. O compromisso da Ordem Terceira de São Francisco (excessivamente barroco e gongórico) está datado de 1765. Na primeira fase (barroca), percebemos com ênfase o caráter encomiástico, gongórico e religioso de todas as manifestações conhecidas. Na segunda, ocorre a eclosão do Iluminismo, e, como no Sermão de Luiz Vieira da Silva, há um certo "desvio" da velha escolástica e das formulações metafísicas e abstratas para uma visão humanitária e social da vida. Quanto à camada formal das peças, o contraste é gritante[30]. Os escritores e poetas do chamado arcadismo nos parecem, (todos), marcados pela preocupação pedagógica de explicitar o conteúdo do discurso.

Isso, porém, não significa que não haja escritores encomiásticos e barrocos no período arcádico. A louvação dos poderosos é hábito generalizado da época. (E de outras épocas.) Entretanto, a maneira de praticar esse costume difere nas duas fases. O hábito vai se amoldando às novas concepções do escritor. Os escritores barrocos, porém, continuam praticando suas concepções estético-literárias. Por isso falamos na ocorrência de duas correntes intelectuais, pois a vida, em sua realidade, sempre escapa dos nossos esquemas, por mais flexíveis que estes pretendam ser.

Esse aspecto da história literária de Minas (variação dialética barroquismo x neoclassicismo) deve encontrar correspondência nas artes plásticas e na arquitetura, pois, a "escola" de Aleijadinho-Ataíde introduziu tamanhas modificações no velho barroco que chegou a transfigurá-lo pela leveza, alegria, graça e plenitude de um povo nascendo com sua arte humanizada.

Resta pesquisar se a mesma correspondência é encontrada no amplo movimento musical que ostenta criadores da mais alta categoria, como José Joaquim Lobo Mesquita, Francisco Gomes da Rocha ou Inácio Parreira Neves.

O fato de se verificar a "passagem" de uma concepção ideológica a outra, pois no caso temos, na verdade, a transição entre duas mentalizações, não deve ser encarado de forma esquemática.

Muitos traços barrocos permaneceram, sendo que o rococó está na plenitude exatamente no fim do século, através de um poeta que fazia questão de se considerar neoclássico, mas que, no entanto, chega a criar um gênero poético vincado pelo arabesco rococó, como é o rondó de Silva Alvarenga. Por outro lado, é inegável a permanência do espírito barroquista e algo romântico da tradição literária de Minas ou mesmo do Brasil. Trata-se de um barroquismo, porém,

---
30. Curioso observar como Gregório de Matos, um século antes, já havia abandonado o gongorismo em busca de clareza e objetividade. v. F. T. de Salles, *Poesia e Protesto em Gregório de Matos*.

profundamente ligado à vida e à problematicidade (Aleijadinho é exemplo) reivindicatória do intelectual de país dependente, o que transforma por completo os velhos conceitos simplistas de um barroco sempre elitista. O barroco é um estado de espírito (e um estilo de vida) que apresenta uma problemática ideológica muito mais diversificada do que pensávamos em nossas (não raro) ingênuas esquematizações. Arnold Hauser[31] mostra com agudeza as diversidades e as contradições do barroquismo, que abarca épocas da história e regiões ou países do Ocidente os mais diversos. Há um barroco cortesão e claramente elitista, como houve também um poeta como Gregório de Matos, e um prosador conceptista como o Padre Antônio Vieira. Mesmo o aspecto lúdico, tão característico do barroco em si, pode representar conteúdos completamente diferenciados.

---

31. A. Hauser, *Historia social de la literatura y el arte*. – (Maneirismo Barroco-Rococó – Classicismo – Romantismo.)

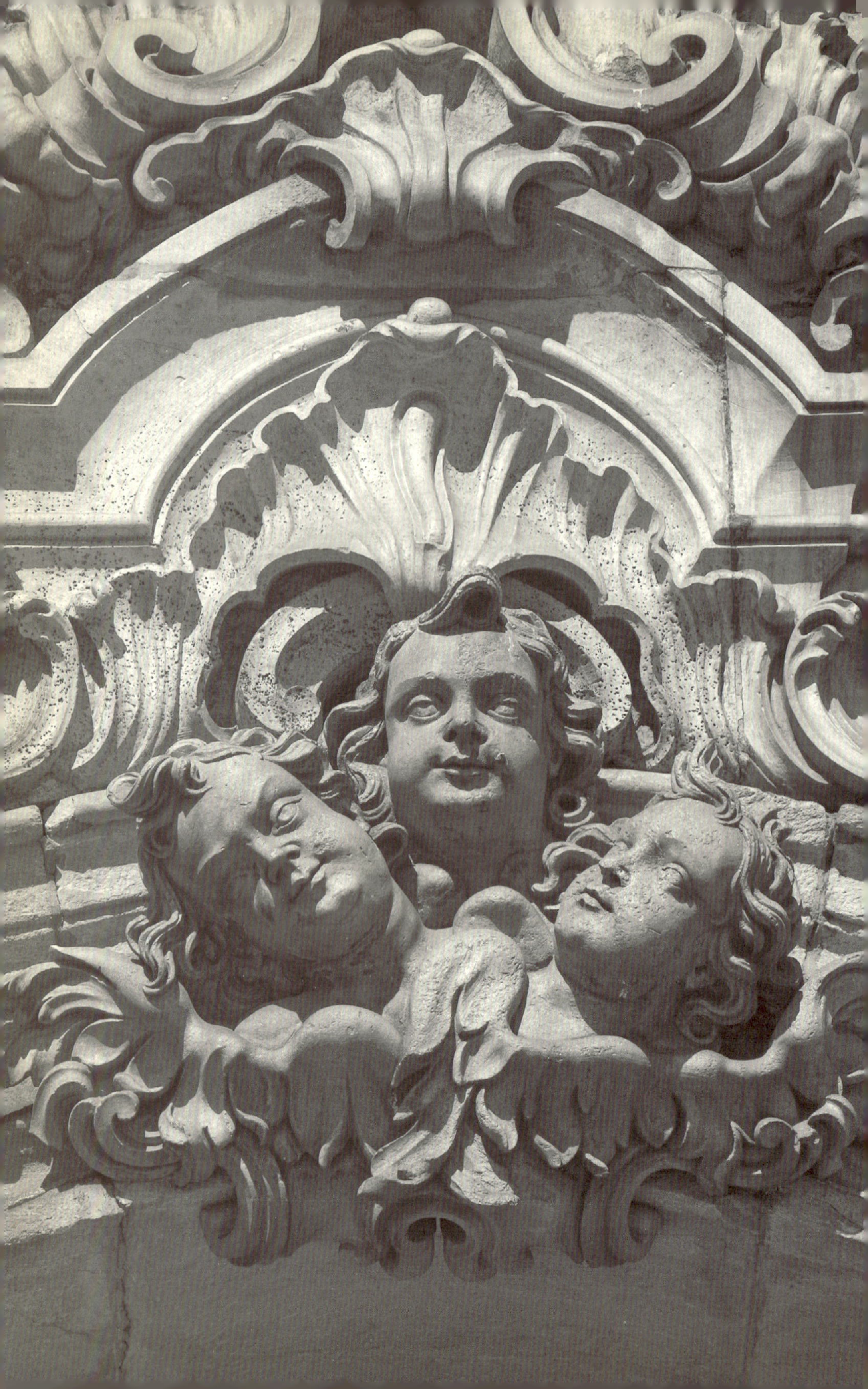

Capítulo III
Assistência Social Elo Entre Irmandades Afins de Cidades Diferentes

O primeiro objetivo da criação das irmandades religiosas no mundo católico foi, obviamente, propagar a vida espiritual e a educação religiosa. No entanto, em Minas do século XVIII, embora conservando esta finalidade inicial, as confrarias se projetam numa atividade muito mais ampla, quase transformando a corporação religiosa em certa estrutura formal ou orgânica, cujo conteúdo principal se expressa na formulação da assistência social e securitária adequada ao meio e à época.

Observa-se na história dessas ordens e confrarias setecentistas a coincidência do interesse do Estado colonizador com o processo formativo dos escalões sociais, que, atingindo determinado nível de estratificação, buscava, conseqüentemente, formas ou veículos capazes de defender seus interesses vitais.

Por esse processo e através dele, a sociedade foi se desenvolvendo, marcada pelas irmandades que influíram, de maneira objetiva, nos hábitos e na forma de vida de toda a população das zonas da mineração e suas projeções históricas até nossos dias.

Como revelação desse fato, destacam-se os chamados "sufrágios" garantidos pelas irmandades aos seus filiados. Consistiam esses sufrágios, aos quais se referem constantemente todos os estatutos e compromissos, em missas que a corporação mandava celebrar pela alma do irmão falecido. Os testamentos antigos também revelam preocupação constante em destinar certa quantia às missas.

Esse ato é considerado, até hoje, pela família mineira, como alta expressão de solidariedade e amizade de quem o pratica, contribuindo, materialmente, com a cerimônia religiosa, para a felicidade eterna do amigo extinto. O espírito religioso supunha que, quanto maior fosse o número de missas recebidas pela alma que deixava o seu corpo, maiores seriam as suas facilidades na outra vida que encetava. Como essas missas custavam dinheiro, urgia criar meios de assegurar muitas missas ao defunto querido. A família do morto encontrava na realização das missas profundo consolo pela morte do mesmo. Já que o havia perdido, desejava assegurar-lhe o máximo de felicidade na outra vida. Como se vê, trata-se de um aspecto objetivo de alienação ideológica evidente, porquanto o que deveria constituir garantia de felicidade e recompensa eternas seria a vida do morto e não missas celebradas por outrem e que dependiam apenas de dinheiro. Assim não pensavam, porém, os homens do século XVIII e não nos é lícito, nem inteligente, pretender analisar os seus atos e pensamentos à luz das concepções contemporâneas.

Os sufrágios que cada compromisso garantia são, portanto, uma espécie de seguro de vida dos seus filiados. Algumas irmandades, como o Carmo de Mariana, garantiam de sufrágio quarenta missas. As mais pobres, como as confrarias ou ordens de homens pardos, vinte missas. Outras ainda mais humildes não declaravam expressamente quantas missas constituíam os sufrágios, mas garantiam que estes seriam proporcionados em quaisquer circunstâncias. A Ordem Terceira de São Francisco oferecia um sufrágio de trinta missas. As pessoas, em qualquer irmandade que tivessem ocupado lugar na mesa (isto é, cargo de direção), gozavam sempre de sufrágio bem maior que os demais irmãos. No mínimo, dez missas a mais.

O preço desses sufrágios não era barato, pois a missa custava, em 1735, no Tejuco, por exemplo, a quantia de 640 réis, como se pode verificar no seguinte documento: "[...] venha a orientar algum empenho grave, e lhe seja por isso mais cômodo mandar dizer à cidade do Rio de Janeiro pela esmola de trezentos e vinte réis, que he quase meio por meio deste Bispado, só em tal caso, e não em outro, poderá la mandar dizer as ditas missas[1]".

Como se vê, o preço da missa no Rio de Janeiro era a metade do seu preço em Diamantina. Esta irmandade de S.S. do Tejuco oferecia de sufrágio 25 missas. Há outro documento que nos fala também do preço da cerimônia religiosa. É o compromisso da Irmandade de N. S. do Rosário dos Homens Pretos (São José do Rio das Mortes) que afirma ser o preço da missa "seis centos réis cada uma"[2]. Diogo de Vasconcellos cita duas tabelas de preços das cerimônias religiosas. A primeira, dos primeiros tempos, de autoria do bispo do Rio de Janeiro, F. Francisco de S. Jerônimo. Por essa tabela, missa cantada custava dezesseis oitavas; o sermão, vinte; a comunhão, meia oitava; e a missa rezada, uma oitava. A seguir, o Governador Braz Balthazar da Silveira faz uma redução na tabela, ficando a missa cantada por seis oitavas e a rezada por meia oitava. O rei tentou várias vezes, inclusive em 1735, reduzir esse preço sem o conseguir. Finalmente, o Bispo D. Manoel da Cruz, em 1749, promulgou nova tabela de preços pela qual a missa rezada custava quatro oitavas, a missa em ofício de finados, quatro e "o escravo enterrado dentro da igreja, meia oitava"; batizados, uma oitava. de Diogo de Vasconcellos, ficamos sabendo que as 24 paróquias beneficiadas, em 1735, recebiam do Rei como côngruas, 9.600$000 réis. Neste mesmo ano, os dízimos cobrados pelo Rei atingiram 104:852,298 réis, restando, pois, considerável saldo para a Coroa. A côngrua oferecida pelo Rei aos párocos, numa

---

1. Compromisso da Irmandade do Santíssimo Sacramento, Tejuco, op. XIII, arq. DPHAN, Rio de Janeiro. Cópia fornecida por Assis Alves Horta.
2. Compromisso cit., capt. X. arq. DPHAN, Rio de Janeiro, e D. de Vasconcellos, *História da Civilização Mineira*, p. 17 - 18.

tentativa de baratear o preço das cerimônias, era de duzentos mil réis por ano. Tal medida da Coroa, porém, foi inútil. Em outra vantagem constituíam-se as indulgências plenárias concedidas pelo Papa às irmandades.

Além dos sufrágios, com os quais se evitava que a família do morto arcasse com essa despesa, assegurava-se, ainda, uma sepultura de luxo, garantida também pela corporação. Essas concessões eram, portanto, de evidente e considerável valia e, mesmo, um alto privilégio dos irmãos, constituindo motivo de sedução, para que todas as pessoas procurassem ingressar na corporação correspondente ao seu escalão social. Com isso, as irmandades ampliavam seu poder e o governo português transferia ao povo até mesmo as despesas para construção dos cemitérios, além da edificação dos grandes templos, construções estas que, no decorrer do século, foram se tornando cada vez mais onerosas, em virtude do processo inflacionário acarretado pelo excesso tributário e queda de produtividade do ouro, com a simultânea proibição de se desenvolver ou explorar outras fontes de produção. Hoje sabemos que o minerador era, em geral, sempre pobre e que da produção global de ouro de Minas, durante o século XVIII, perto de oitenta por cento foi transferido a Portugal e deste país à Inglaterra. Portugal não teve nem mesmo o mérito de se aproveitar da sua própria opressão.

Dois fatos demonstram, de forma a mais objetiva, a total incapacidade da Coroa em conduzir de forma racional, para a época, a economia da colônia. O primeiro é o depoimento dos enviados do próprio estado colonizador, quando pessoas inteligentes. O segundo são os avanços e recuos constantes com que a corte de Lisboa "experimentava" administrar, sem jamais lograr um sistema tributário útil a ela própria e, pelo menos, tolerável pela maioria da população. Parece ter influído grandemente, para esse constante desajustamento administrativo, o fato de a base do sistema ter sido a exclusividade econômica da mineração. A existência desta exigia o desenvolvimento de certos artesanatos e outras fontes de produção, então proibidas.

A bisonhice e incúria da administração portuguesa jamais compreenderam as peculiaridades da economia colonial, suas necessidades prementes, que, se atendidas, viriam beneficiar a própria Coroa. Dessa ignorância, surpreendente mesmo àquela época, temos profusa documentação, mas não é esse o tema do nosso trabalho. Foi essa incapacidade para compreender, mesmo o mais elementar, que criou o infindável conflito entre o fisco e a população, estimulando o contrabando e a permanente agitação social. Essa tributação era excessiva, como já se repetiu tantas vezes, porém o pior foi a forma inadequada de se conduzir a economia da colônia, agravada pela corrupção reinol, também considerável. A Coroa sentia que estava errando e tentava novos métodos, errando novamente, e assim se passou o século.

O problema da produção de ouro durante o século XVIII, que, por muitos anos, encontrou em Pandiá Calógeras e Eschwege os únicos elementos clássicos para seu estudo, hoje já está bastante pesquisado, proporcionando conceituação mais segura sobre o grosso da produção de ouro na fase colonial.

Dornas Filho[3] realizou um estudo sistemático em torno de todos os dados e cálculos feitos até agora sobre a quantidade de ouro produzido em Minas no século XVIII e no Brasil, em todos os tempos. Baseados nesses dados e na revisão efetuada nos trabalhos anteriores de Calógeras e Eschwege, podemos calcular, num resumo do trabalho citado de João Dornas Filho, que, numa perspectiva otimista, a produção foi, salvo algum lapso, a seguinte:

Cálculo Antônio Olinto[4]: 700.000 quilos até o ano de 1900;

Cálculo Pandiá Calógeras, revisto por Eusébio Paulo de Oliveira e Djalma Guimarães:

de 1700 a 1724	112.500 quilos
de 1725 a 1735	97.500
de 1736 a 1751	225.000
de 1752 a 1787	270.000
de 1787 a 1801	60.000
Total	765.000 quilos

---

3. J. Dornas Filho, *O Ouro das Gerais e a Civilização da Capitania*, vol. 295, p. 40 e s.

4. V. III do *Livro do Centenário*, em J. Dornas Filho, op. cit., p. 39. V. W.L von Eschwege, Notas do Tradutor, *Pluto Brasilienses*, v.I, p. 375.

O cálculo de Dermeval Pimenta[5] é mais ou menos o mesmo e indica que o ouro saído até 1930 importaria em Cr$ 74.383.260.000,00[6].

Como já se repetiu várias vezes, presume-se que o ouro evadido por contrabando foi considerável. E como já se repetiu também desde Xavier da Veiga, o pior não era o quinto sobre o ouro minerado (vinte por cento), mas uma série extra de impostos que a Coroa inventava constantemente e que, lançados como tributos provisórios, acabavam se transformando em permanentes. Como exemplo desse fato, há o imposto para reconstrução de Lisboa, em conseqüência do terremoto de 1755, os casamentos reais etc.

Sobreveio a decadência do ouro a partir de 1760 e 1770, agravando-se em 1780, até atingir o nível de calamidade coletiva no princípio do século XIX.

As irmandades tratam então de modificar seus estatutos reduzindo as contribuições em dinheiro, conforme se observa em vários documentos. Nesse sentido, mesmo as irmandades dos ricos tomam suas precauções. Zoroastro Passos transcreve, a propósito, o seguinte documento: "[...] foi proposto pelo Irmão Procurador o Capitão Antonio Batista, que em razão da decadência dos tempos erão demaziadas as mezadas"[7].

A redução então proposta foi de cinqüenta por cento em cada contribuição e o documento é de 1817.

É fácil concluir-se, portanto, que a função assistencial das irmandades amplia-se consideravelmente a partir de 1740 ou 1750, pois é a partir dessa época que se aprofunda a estratificação grupal da sociedade, intensificando-se o problema econômico. É vasto o material a respeito, como pode ser visto no documento a seguir: "He estilo praticavel E louvavel em todas as Congregaçoens da nossa Ordem eleger se hum Irmão para Enfermeyro[8].

---

5. Aspectos Econômicos de Minas, op. cit., p. 40, trad. cit. p. 359 e s. Ouro Extraído de 1600 a 1820.

6. Em outubro de 2007, o grama do outro estava sendo negociado a R$ 45,30. (N. do O.)

7. Z. V. Passos, *Em Torno da História de Sabará*, v. I, p. 61-62. Refere-se à Ordem do Carmo de Sabará. Deste mesmo autor há várias outras referências ao assunto. No mesmo período, diversas irmandades modificaram os estatutos no capítulo referente às contribuições.

8. Estatuto da Ordem Terceira de São Francisco de Mariana, cap, deecimo.

E logo no primeiro parágrafo do mesmo capítulo: "Logo que o nosso Irmão Enfermeyro tomar posse do seu lugar, examinará se algu Irmão nosso se acha enfermo e o visitará, enformando se da queixa que padece[9].

Mais adiante, esse mesmo estatuto faz nova referência ao irmão enfermeiro, no sexto parágrafo do capítulo treze. Outros compromissos de ordens diferentes focalizam, em passagens diversas, a função do enfermeiro que deveria assistir os irmãos doentes. Há compromissos que abordam e asseguram a defesa dos irmãos prisioneiros, como se verifica na seguinte passagem: "E como seja igual a esta caridade de socorrer os emcarserados, se algum Irmão estiver prezo por cazo que não seja de enfamea, tendo a meza esta noticia o mandará vezitar pellos mordomos, e tratará do seu livramento que correrá pelo Irmão procurador socorrendoo se for pobre"[10].

A Ordem Terceira do Carmo de Mariana, no capítulo 39 do estatuto, afirma que qualquer irmão que vier a falecer fora da cidade receberá os mesmos sufrágios que aqueles nela falecidos, para depois concluir:

> Falecendo algum Irmão pobre, que por cauza da sua nimia pobreza se deve enterrar por conta da Meza, o Irmão Procurador farã toda a diligencia por saber a verdade, pois muitas vezes sucede, que tendo possibilidades, os seus herdeiros, os querem enterrar como pobres, sendo isto em danno da Venerável Ordem[11].

Quanto à garantia de se proporcionar ao irmão que acaso falecer em outra cidade os mesmos sufrágios que a qualquer outro, o compromisso usa o fato como argumento para lembrar aos irmãos que todos devem pagar, mesmo estando ausentes. O texto assim exprime:

> [...] e recomendamos muito aos irmãos, que estiverem auzentes, que se não desculpem de satisfazer as esmolas[12].

---
9. Idem, ibidem.
10. Compromisso da Irmandade do Senhor dos Passos, Freg. S. Joseph do Rio das Mortes, 1721, arq. D.P.H.A.N., Rio de Janeiro. O compromisso da Irmandade. das Almas de Conceição do Mato Dentro, transcrito na íntegra por G. D. de Morais, *História de Conceição do Mato Dentro*, p. 64, assegura assistência judiciária ao irmão prisioneiro.
11. Idem, ibidem.
12. Estatuto da Ordem Terceira do Carmo de Mariana, cap. 39.

> Por cada Irmão ou Irmã Terceira que falescer mandará a Ordem dizer quarenta missas da esmola costumada [...] será conduzido em corpo de comunidade pela mesma e sepultado na dita capella, nos lugares destinados, conforme os cargos e officios que na mesma Ordem tiver tido.

O número de missas garantidas, quarenta, se transformado em dinheiro, computando-se o preço de cada missa (que era de setecentos réis, aproximadamente, em Diamantina, e quatro oitavas, em Ouro Preto), explica a insistência e o cuidado dedicado pelos compromissos ao problema "sufrágios".

A assistência prestada aos enfermos constitui ação permanente das irmandades. O capítulo segundo, parágrafo nove, do estatuto da Ordem Terceira de São Francisco de Mariana, assim se exprime a respeito: "Tendo noticia que algum Irmão nosso se acha enfermo o visitará, usando com elle de charidade que lhe for possível, trazendo-lhe a memória o santo temor de Deus, E a graveza das culpas".

Em todas as cidades da mineração, até meados do século XX, havia a profissão de enfermeiro, o que não se observava com a mesma freqüência em outras cidades do interior de Minas. Supomos ser esta profissão, naquelas primeiras comunas, uma tradição nascida das irmandades. Todos os compromissos que vimos focalizam com insistência as tarefas e deveres dos enfermeiros, acentuando a função assistencial das corporações. O capítulo oitavo do compromisso da Irmandade de São Benedito do Ribeirão do Carmo, redigido em 1737, afirma: "Sairá a Confraria a acompanhar, com suas opas, aos confrades defuntos aos quais se mandarão dizer pela sua alma aquelas missas que a Meza lhe parecer [...]".

No compromisso da Irmandade do Senhor dos Passos de São José do Rio das Mortes (1721), em seu capítulo doze, lemos:

> De como se haverá a meza com molheres veuvas que ficarem pobres – Tanto que morrer algum irmão de quem se tenha opinião de que morreu pobre se mandará fazer esame por dous Informadores Irmãos que forem vezinhos do Irmão defunto e achandosse que lhe ficou mulher, ou filhos nessacitados, e dezemparados darão os ditos em formadores na Meza esta emformação e o provedor ordenará nella

que seretire esmolla que se tirarem; E em cazo que retire mais do que pede a prezente nececidade, ficará em mão do thezoureiro, para que haja na Irmandade cabedal para outros socorros semelhantes; do qual dinheiro se fará carga; e de nenhuma maneira de gaztará em couza alguma da Irmandade.

Este último dispositivo, que se refere à proibição de se aplicar o excesso do dinheiro obtido em outra finalidade, revela-nos a existência de um fundo de reserva bloqueado destinado exclusivamente à assistência às famílias dos irmãos falecidos na pobreza. Como essa indigência, a partir de 1780, generalizou-se de forma impressionante, poderemos concluir, com bastante segurança, ter sido imensa a função assistencial dessa irmandade. À época em que foi redigido este compromisso (1721), a facilidade em se obter esmolas e donativos era bem maior que no segundo quartel do século. É de se supor, portanto, que, tendo sido rigorosamente observado o capítulo acima, essa irmandade deve ter acumulado, ao fim de anos, expressiva quantia em ouro para ajuda às famílias dos seus filiados.

Também nas irmandades de Mariana, encontramos documentos de especial significado para a caracterização do aspecto assistencial das corporações naquela cidade.

Outro fato curioso: nas irmandades de pardos, regra geral, os dispositivos estatutários, dispondo sobre assistência, são mais freqüentes e encontradiços. Nesse caso está a Mercês de Mariana, corporação de crioulos, fundada "em novembro de 1771 e em 77 adotou os seus estatutos provisórios", no dizer de Salomão Vasconcellos que, parece, foi o primeiro historiador a pesquisar esta irmandade e seus documentos[13]. Afirma o autor que esta irmandade fundou, em 1777, a Sociedade Redentora dos Cativos. Em sua origem européia, as ordens terceiras das Mercês foram criadas para lutar pela libertação de cristãos aprisionados pelos mouros. Daí o seu nome aludir à libertação dos cativos. No Brasil, essa ordem, geralmente de militares, caracterizou-se pela construção das casas da misericórdia, os hospitais da época, assim como as irmandades de N. S. de Santana, que também,

---

13. S. de Vasconcellos, *Mariana e Seus Templos*, p. 67.

não raro, criaram Misericórdias. Quanto à Mercês de Mariana, o compromisso faz referência ao texto primitivo de 1777. A irmandade, embora funcionando, só obteve confirmação régia do seu estatuto em 16 de maio de 1787. Nessa confirmação, publicada na íntegra por Salomão de Vasconcellos, há um detalhe relativo a cristão novo, que é o seguinte[14]: "Que se emendarâ o Capítulo desanove emquanto no fim determina, que os que tiverem notta de Christãos novos não possam ser Irmãos porque similhante differença está santamente abolida pelas leis do Reyno".

Noutra passagem, a confirmação manda reduzir as contribuições dos irmãos por excessivas, modificando assim os capítulos "nono, décimo e unduécimo" e determina que o Juiz dará "só dez oitavas de ouro, o Escrivão quatro, o Thezoureiro duas, os Mordomos duas e os Irmãos que entrarem de novo meia oitava; e proibo com as penas da lei, que se possa pedir esmolas para a Irmandade, fora da Freguesia".

A seguir, encontramos esta passagem curiosa: "É que tão bem se emendarâ o Capítulo vinte, enquanto a Irmandade espera possuir grande abundancia de bens, porque ela não poderâ possuir bens alguns estáveis, sem licença minha"[15].

Há muitos outros documentos a respeito dessa restrição, relativos às diversas associações. Todavia, muitas irmandades ou quase todas possuíram, nem sempre com licença real expressa, consideráveis "bens estáveis".

Outro aspecto da maior relevância assistencial da vida das nossas corporações do século XVIII está na construção de hospitais ou no empenho que as mesmas dedicavam a tais construções. Neste particular, foi considerável a contribuição das irmandades à chamada civilização da capitania. Naquele meio social primitivo, em que não existiam preceitos de higiene, nem mesmo nenhuma preocupação com profilaxia ou cuidados médicos, em meio à miséria que crescia sem cessar, o número de doentes, mendigos e

---
14. Idem, p. 70.
15. Idem, p. 69

necessitados de assistência deveria, fatalmente, crescer sempre. Esse fato encontrou logo nas irmandades escudo e defesa.

A irmandade de Santana de Mariana, já em 1732, cuidou da construção da Casa de Misericórdia naquela cidade. A propósito, o mesmo Salomão de Vasconcellos transcreve a seguinte petição dirigida pela irmandade à sua majestade, solicitando "[...] a graça de lhe conceder Compromisso geral das Misericórdias, com todas as prerrogativas concedidas à de São João d'El Rey[16].

Neste documento, lê-se:

> A Irmandade de Sant'Anna, tendo um compromisso ou estatutos muito defeituosos, inapplicaveis ao estado presente pela sua antiguidade e illegal approvação do Ordinario, como mostra o documento nº 1, reconheceu em meza presidida pelo benemérito Provedor das Capellas a necessidade, conveniencia e o interesse publico que resulta do estabelecimento da Casa de Misericordia com Hospital já em differentes tempos determinados a fazer-se pela dita Irmandade e que até o presente não teve effeito, como tudo consta do documento nº 2. O estabelecimento da Casa de Misericórdia é por sua natureza recomendavel, indispensavel a esta populosa cidade, falta de estabelecimentos públicos e de caridade para empregar os socorros à classe indigente e miseravel de que abunda[17].

Encontramos também diversos indícios e, em alguns casos, provas concretas da assistência a menores prestada pelas ordens e confrarias de Minas. Esse detalhe é realmente expressivo, pois a assistência a menores desamparados, resultante do baixo nível econômico da população de Minas é, até hoje, considerado problema novo, ao qual somente os governantes muito recentes – e, mesmo assim, com o seu habitual e característico platonismo – trataram de encarar ou conceituar no plano programático.

Por outro lado, é importante lembrar que o número de crianças desamparadas no decorrer do século XVIII deveria ter sido muito grande, considerando-se as seguintes determinantes:

---
16. Códice 60 do Arq. Público Mineiro. S. Vasconcellos, op. cit., p. 81.
17. Idem, p. 80. O Estatuto da Irde. de Sant'Ana (Ouro Preto).

promiscuidade da população, feição aventureira da mineração, alto número de uniões livres, abuso sexual constante dos senhores sobre as escravas pretas e mulatas, distinção infamante entre "filho legítimo e ilegítimo" – o que só muito recentemente foi abolido pela Constituição Brasileira e, conseqüentemente, pelos cartórios de registro civil do Brasil – além de várias outras causas.

Desejando, provavelmente, colocar seus filiados a salvo de mais este flagelo social da mineração, as irmandades procuraram logo prever o caso dos filhos de irmãos caídos na pobreza. A própria economia essencialmente oscilante da mineração, baseada em formações aluvionais, provocava permanente inconstância no nível de vida de grande número de pessoas. Constantemente, os compromissos e estatutos se referem a pessoas que caíram, ou poderão ainda cair, "na mais nímia pobreza" ou em "estado de indigência". Urgia, pois, pensar na infância e nos imprevistos que a cercavam naquele áspero mundo incerto. Este é um dos aspectos mais pronunciado da feição previdencial das corporações religiosas do ciclo do ouro das gerais. Por isso, o compromisso do Senhor dos Passos, há pouco citado, frisa[18]:

> que lhe ficou mulher ou filhos necessitados, e dezamparados darão os ditos em formadores na meza esta em formação e o provedor ordenará nella que se retire esmolla pella Irmandade, para socorro destas necessidades, segundo as esmollas que se tirarem; E em cazo que retire mais do que pede a prezente necessidade [...].

No compromisso do Santíssimo Sacramento, de 1738, lê-se:

> No caso que algun Irmão desta Irmandade chegue a estado de pobre, a meza o mandarâ, socorrer com o que poder, examinando a justa cauza que tiver para não poder ganhar com que se sustente e adoecendo com todo o cuidado o mandará vezitar, e assistir com toda a caridade, e falecendo, ainda que deva a Irme. nem por isso esta deixará de o acompanhar e lhe mandar logo fazer os sufrágios[19].

Em outro estatuto lemos: Aos Mordomos; socorrer os Irmãos enfermos qdo. estejão em necessidade; pedir esmolas para este

---
18. Compromisso da irmandade do S. dos Passos, cap. XII, arq. DPHAN, Rio de Janeiro.
19. Compromisso S.S. do Pilar de Ouro Preto, arq. DPHAN, Rio de Janeiro.

socorro; prevenir a que recebão sacramentos da Igreja e absolvição da Ordem; dar parte quando falleção, ao Procurador, para que se trate do seu enterramento"[20].

No parágrafo dezesseis do mesmo artigo: "Aos Enfermeiros e Enfermeiras; assistir aos Irmãos enfermos administrando-lhes o necessário com paciencia e caridade; fazendo-lhes companhia; e participar aos Mordomos o estado dos m.^{mos}".

O artigo 24 afirma: "A Ordem he obrigada a dar sepultura aos filhos legítimos dos Irmãos, professos até a idade de sete anos".

O artigo seguinte estabelece a obrigatoriedade de celebração de uma missa anual pela alma do padre José Fernandes Leite, "que foi benfeitor da mesma[21].

Este compromisso determina o número de missas conforme o cargo ocupado na ordem, "a saber até o cargo de Deffinidor com seis missas, o Syndico com oito, o Secretario com dez" etc.

O artigo 32 afirma: "Para com o Irmão pobre, que fallecer dentro da cidade, praticará a Ordem todos os actos de piedade que praticaria com o Irmão rico".

O termo de 15 de março de 1795, do Carmo de Sabará, citado por Zoroastro Passos[22] afirma:

> [...] se determinou mais ao Thezr°. desta Ordem José Luiz de Andrade, que vista a extrema necessidade do nosso Irmão o C. Antonio Vieira Gaya, e a suplica que o dito fez a esta Meza, lhe mandasse asestir pello Procurador da Ordem com duas oytavas de ouro por mez, emquanto se lhe não ordenar o contrário [...].

Algumas vezes as autoridades eclesiásticas criticavam as ordens por não estarem fazendo bom uso dos seus fundos. O provincial Inácio da Graça Leão, em 1766, em carta a S. Francisco de Ouro Preto, dizia que as "esmolas da Ordem [...] servem somente para dar de comer a letrados, requerentes, ministros e outros muitos que

---
20. Estatutos da Venerável Ordem Terceira das Mercês dos Perdões de Antônio Dias, Ouro Preto, art. 8., p. 80, (compromisso reformado), arq. D.P.H.A.N., Rio de Janeiro.
21. Idem, ibidem.
22. Z. Passos, op. cit. p. 41.

chupam a substância"[23]. Em certa ocasião, no Carmo de Sabará, um "letrado", o Padre Alexandre José da Silva e Souza, acumulou três cargos da ordem, todos bem-remunerados. O fato provocou protesto do ouvidor Paula Beltrão[24].

O que também caracteriza a feição grupal e de defesa dos interesses dos diversos estamentos sociais é a ligação que as irmandades estabeleciam, como se fosse uma rede, através das cidades de Minas. Um irmão de determinada corporação, digamos, de Mariana, ao chegar a São João Del Rei ou Sabará, era recebido pelos locais como "irmão". Neste particular, a Ordem Terceira de São Francisco de Ouro Preto constitui exemplo dos mais expressivos. Possuía esta grande ordem filial em pelo menos trinta cidades ou vilas diferentes espalhadas em várias regiões de Minas, sendo a sua história das mais ilustrativas.

Por um documento publicado pelo historiador Cônego Trindade, neste livro fundamental intitulado *São Francisco de Assis de Ouro Preto*[25], que é uma carta do Ministro Provincial Frei Antônio da Conceição, dirigida aos irmãos terceiros de Ouro Preto, conclui-se que o fundador dessa ordem, em Minas, foi o comissário visitador, irmão lente e ex-custódio, Frei Antônio de Santa Maria. Fundou também a Ordem Terceira do Carmo de Sabará. Nos primeiros anos, foi o seu estimulador e administrador o Reverendo Dr. Bernardo Madeira, que, parece, organizou as bases, não propriamente de uma ordem terceira, mas quase de um estado dentro do Estado.

A propósito do espantoso poderio da São Francisco de Ouro Preto, afirma o Cônego Trindade:

> Durara quatro anos a administração provisória do Comissário Madeira, cuja preocupação exclusiva parece ter sido a expansão da ordem. Com efeito, a findar esse período, que foi propriamente o noviciado da congregação, estava ela estabelecida, por meio de presídias – (filiais ou vice-comissariados), em quase todas as

---

23. C. Trindade, *S. Francisco de Assis de Ouro Preto*, MEC, p. 151.
24. Z. Passos, op. cit., p. 47.
25. C. R. Trindade, *op. cit.*, p. 17

paróquias e em muitas capelas do bispado, o qual, note-se de passagem, se instalara por este tempo[26].

A seguir, são enumeradas as paróquias referidas em que havia filiais da irmandade, que são as seguintes, de acordo com o arquivo da ordem:

> Serro Frio, Congonhas do Campo, Ouro Branco, Brumado do Suassuí, Barra Longa, Mariana, Curral Del Rei, Sumidouro, Itabira, Morro de Mateus Leme, Sabará, Carijós, Lagoa Grande, Itabira, Catas Altas da Noruega, Guarapiranga, Rio de Pedras, Barra do Bacalhau, São Bartolomeu, Paraopeba, Cachoeira do Campo, Furquim, Arraial dos Paulistas, Venda Nova, Itaverava, Pinheiro, Calambáu, Emparedados, Bento Rodrigues, Inficionado, Catas Altas do Mato Dentro, Ribeirão de Santa Bárbara, Passagem de Mariana, Chopotó, Borda do Campo, Casa Branca, São Sebastião e mais dez localidades[27].

Observamos, nessa série de filiais, que, entre elas, estão todas as principais vilas e regiões do ciclo do ouro, como Sabará, Itabira, São João Del Rei, Serro Frio, Mariana, as duas Catas Altas, Inficionado etc. Note-se, também, que, ao se referir à maioria das corporações de cor existentes em Sabará, contra apenas duas de brancos (o S.S. e Carmo), Zoroastro Passos se esqueceu de se referir à filial de São Francisco de Ouro Preto, que, a julgar pela relação acima, existia em Sabará. Todavia, a principal irmandade de ricos, nesta vila, foi mesmo a do Carmo.

Convém considerar ainda que todas essas localidades arrecadavam esmolas para a Ordem de São Francisco. Esta chegou a ter embaixadores até em Madri, onde parlamentou com o maioral da congregação, o célebre Molina[28], que foi quem aprovou o compromisso, depois que este fora reprovado no Rio de Janeiro e, em apelação, em Lisboa. A Ordem Terceira da Paciência parece ter sido a mais polêmica e impaciente de todas as irmandades de Minas, em todos os tempos.

A maioria das irmandades possuía filial em outras localidades das minas, como se pode concluir da leitura de vários compromissos como

---

26. Op. cit., p. 16.
27. Op. cit., p. 16-17.
28. Era por esse tempo comissário geral dos franciscanos Frei Pedro Juan Molina, op. cit., p. 26

este trecho: Aos Presidentes das Presidias; ter a seu cargo a cobrança de annuaes e joias dos Irmãos residentes nas mesmas Presidias; [...] quando comparecerem terão em Meza assento e voto"[29].

A Ordem Terceira do Carmo de Sabará possuía também muitas filiais. Na luta travada entre esta e a Ordem Terceira do Carmo de Ouro Preto, assunto que trataremos no capítulo seguinte, os terceiros sabarenses alegaram que já possuíam cerca de mil filiados, subentendendo-se que neste total estavam incluídas as presídias. Essas filiais do Carmo estendiam-se através de área geográfica realmente grande. Para nos limitarmos ao essencial e estribados em Zoroastro Passos, podemos citar as seguintes presídias com a página daquela obra que documenta sua existência: Santa Luzia, p. 52; Caeté, p. 60; Betim, p. 60; Boa Vista (perto de Januária no Rio S. Francisco) p. 53; São Romão, p. 65-66. Em um termo de 3 de agosto de 1817, vemos que a ordem escolheu vários irmãos para "sahir a vizitar as Prezidias das Capellas desta Comarca"[30].

Geralmente, às eleições das ordens terceiras compareciam cerca de oitenta irmãos, pouco mais ou pouco menos. Assim ocorreu na eleição do Cônego Luiz Vieira da Silva, para comissário da São Francisco de Ouro Preto, e também no pleito que elegeu o Padre José Corrêa da Silva para comissário da Ordem Terceira do Carmo de Sabará[31].

Afirma o estatuto da Ordem Terceira de São Francisco de Mariana, no seu capítulo 26, parágrafo primeiro:

> Quando algum nosso irmão terceiro de fora da terra, professo em outra Congregação, E pertenda agregar-se a esta nossa, aprezentará sua Patente assinada pelo Reverendo Padre Comissário, Irmão Ministro, E subscrita pelo Irmão Secretário da Ordem, E Congregação donde o tiver sido, e se lhe fará informação secreta da vida e costumes, é achando-se boa se admitirâ; E o mesmo se observará com os terceiros de Nosso Patriarcha São Domingos, sogeitando-se este por termo a todas as obrigações e encargos da Nossa Ordem,

---

29. Estatuto. Venerável da Ordem Terceira. N. S. das Mercês dos Perdões, Antônio Dias, Ouro Preto, art. 8, p. 15, arq. D.P.H.A.N., Rio de Janeiro.

30. Z. V. Passos, op. cit., p.61.

31. idem, p. 27, lê-se: 1 de agosto 1765. Eleição de Comissário. Obtiveram votos: o R. Dr. José Correia da Silva, 23 votos, o padre Antônio Gonçalves, vinte". Outras eleições giraram em torno de uma centena de eleitores.

mas nunca esta ficará sugeita a mandar lhe dizer trinta Missas, que nestes Estatutos se declaram [...]³².

Este mesmo documento continua no parágrafo seguinte abordando o problema das relações com outras irmandades. O parágrafo segundo diz:

> Como temos noticia, que nesta Cidade E seu termo, E no da Villa do Caethê, que he territorio desta Congregação, alguns irmãos nossos, E filhos de outras congregações, que se não determinarão aprezentar nesta fiados talvez de que a nossa Ordem os enterrarâ E acompanharâ, ordenamos que todo aquelle, que dentro de dous mezes, depois da publicação destes Estatutos, se não aprezentarem, E assim falescerem não serão acompanhados nem enterrados por esta Congregação³³.

O texto acima é curioso, porquanto Caeté aparece na lista das presídias da São Francisco de Ouro Preto. Daí talvez a referência aos "filhos de outras congregações".

A seguir, lê-se: "Se em algum acto publico da Orde aparecer algum Irmão Terceyro de fora da terra, que por tal seja conhecido, poderâ incorporar-se com a nossa Ordem vindo de habito".

Como informa o Cônego Trindade, em 1761, surgiu simultaneamente, em várias cidades da mineração, a Arquiconfraria dos Mínimos do Cordão de São Francisco. Abordaremos a celeuma provocada por essa irmandade no capítulo seguinte. Todavia, constitui fato dos mais significativos o seu aparecimento simultâneo em várias localidades, como Ouro Preto, Mariana, Sabará e São João Del Rei. Depois de assinalar que por "todo o orbe católico" a arquiconfraria era destinada a agremiar os fiéis de todas as raças e condições que a ela quisessem pertencer, no bispado de Mariana, em seus quadros, só se inscrevia gente parda³⁴.

Logo a seguir, conclui esse pesquisador: "Pode ser também que andasse aí o capricho do fundador, ou o seu desejo de ganhar a estima de uma vasta porção dos habitantes da capitania"³⁵.

---

32. Estatuto Ordem Terceira da Seráfico Patriarca S. Francisco, Mariana (1763), arq. DPHAN, Rio de Janeiro. Cópia fornecida por Antônio Morais.
33. Idem, cap. 26.
34. C. R. Trindade, op. cit., p. 91.
35. Idem, p. 92.

Esse fundador fora o Dr. Matias Antônio Salgado, vigário de São João Del Rei, cujo crédito andava seriamente comprometido, ao menos diante do bispo diocesano[36].

Há pouca coisa documentada até agora sobre quem era o Vigário Matias Antônio Salgado. Sabe-se, com provas irrefutáveis descobertas pelo Cônego Trindade, que este vigário de São João Del Rei, fundador da Arquiconfraria dos Mínimos do Cordão (os pardos do Cordão), não gozava das boas graças nem da amizade do Bispo D. Manuel da Cruz. Este, sereno e sagaz, procurava comprometer o vigário, negando-lhe a posse da freguesia, mas oferecendo-lhe compensações, as quais o outro recusou secamente e com firmeza. Dele não gostava também Frei Inácio da Graça. Isto é, os potentados do clero, àquela época, em dois documentos, tratam de atacar o vigário[37].

Por outro lado, vê-se pelo documento referido que o padre Matias Antônio Salgado fez questão fechada de se instalar em São João Del Rei. Foi até Lisboa polemizar com o Bispo D. Manuel da Cruz, revelando, pois, ser homem de caráter e coragem, como eram Vieira da Silva, Padre Rollin, José Corrêa da Silva, Carlos Corrêa Toledo e mesmo o Cônego Marinho, já no século XIX. Todos estes e muitos outros foram, no seu tempo e dentro da conjuntura histórica em que atuaram, homens de lídimo espírito público, além de excepcionalmente cultos.

Não nos interessa saber se o Bispo D. Manuel da Cruz tinha ou não razões diversas para se opor à posse do padre (ele se negou a colar o vigário), nesta ou naquela freguesia. Mas interessa-nos, vivamente, constatar que a ação do Padre Matias Antônio Salgado, fundando a arquiconfraria, foi da maior utilidade dentro do ponto de vista social. A Arquiconfraria dos Pardos do Cordão, embora destruída em Ouro Preto pela Ordem Terceira de São Francisco, contra a qual lutou longos anos, continuou em outras cidades da mineração desempenhando mesmo, em alguns casos, notável trabalho de arregimentação e organização social entre os homens

---
36. Idem, ibidem.
37. V. documento publicado pelo C. R. Trindade, op. cit., p.92.

pardos. Está neste caso, por exemplo, a cidade de Sabará, onde a arquiconfraria teve vida longa e fecunda.

Não importa que os fins do Padre Matias Antônio Salgado, como alguns presumem, tenham sido, digamos, "demagógicos", no sentido de agradar a um grupo social que crescia àquela época (1761), para lançá-lo contra o bispo, defendendo, assim, sua tão almejada vigaria de São João Del Rei. O que importa, e atuou historicamente na formação social de Minas, é a organização por ele estruturada, a qual cumpriu sua destinação social no século XVIII e o fez contra a vontade de todas as autoridades eclesiásticas.

Não raro, os nossos historiadores se impressionam com os conceitos ou julgamentos subjetivos de contemporâneos destes padres heróicos da nossa história – como no caso do Cônego Luiz Vieira da Silva –, discutindo longamente se foram "bons" ou "maus" sacerdotes, "bons" ou "maus" indivíduos. De nossa parte, preferimos tentar analisar o muito de útil e positivo que todos eles realizaram pelo progresso cívico de nosso Estado, criando as bases sólidas e profundas de uma consciência política genuinamente democrática e progressista na população de Minas. A vida e as lutas desses sacerdotes heróicos constituem acervo valioso das nossas mais autênticas tradições libertárias e exemplo permanente da dignidade cívica da gente mineira. O resto são bizantinices subjetivas que nada esclarecem ou revelam.

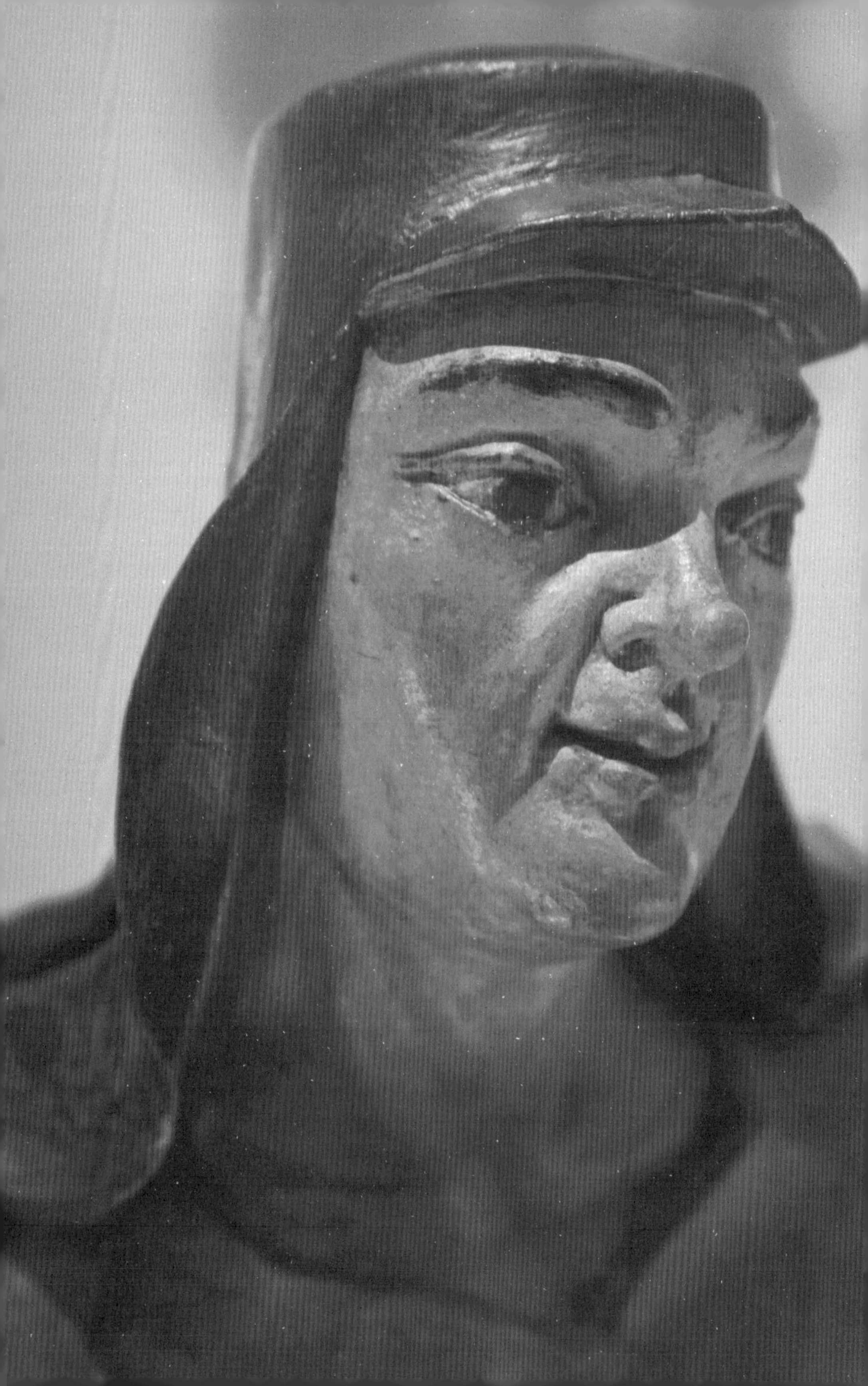

Capítulo IV
Batalhas Judiciárias

As ordens terceiras, confrarias e irmandades de Minas sempre tiveram nas suas memoráveis batalhas, ou pleitos judiciários, um dos capítulos da sua história mais comentados pelos nossos historiadores passados. Os lances pitorescos e polêmicos das demandas despertaram o interesse desses estudiosos que, entretanto, não se detiveram muito no acentuado sentido de disputa ou choque de interesses dos diferentes grupos. Tais pleitos, geralmente, assumiam caráter de inegável agressividade de uma corporação contra outra, culminando, todos, no desfecho judiciário. Muitas, entre essas batalhas jurídico-canônicas, duraram dezenas de anos e terminavam pelo extermínio da irmandade derrotada. Nota-se, desde o princípio dessa série de pleitos, o evidente sinal dos interesses antagônicos que se acentuam a partir de 1730 ou 1735, para atingir sua fase aguda por volta de 1780, quando os pardos alcançavam a plenitude de sua força como grupo social.

Nessa época, homens singulares e lendários, como Antônio Francisco Lisboa e Silva Alvarenga eram pardos, como também mulato foi Caldas Barbosa, o poeta, Chica da Silva e seus filhos, muitos padres e artistas que se tornavam cada vez mais úteis e necessários à coletividade e às suas realizações, isto é, à própria vida social da colônia.

O longo processo de lutas das irmandades se inicia a partir de 1730 e 1735, coincidindo, pois, com o agravamento dos conflitos contra a política tributária da Coroa.

Parece fora de dúvida que os primeiros atritos ocorreram nas irmandades do Rosário, que possuíam homens brancos em seu seio, assim como os contingentes de homens crioulos começam também a entrar em atritos, uns contra os outros, como a Mercês de Ouro Preto. Há cisão no seio da irmandade Rosário do Alto da Cruz, daí resultando o aparecimento de nova Rosário do Padre Faria, agora somente de homens brancos.

Quanto à Ordem Terceira das Mercês, de homens crioulos, de Ouro Preto, foi fundada em 1740, passando à categoria de Ordem Terceira em 1845, com o nome de Mercês da Misericórdia, chamada popularmente Mercês de Cima. Em 1745, uma ala entrou em luta contra outra, criando nova Mercês. Esse grupo (o dissidente) instalou-se na igreja do Senhor Bom Jesus dos Perdões. O fato ocorreu em época do Bispo D. Manuel da Cruz[1]. O Cônego Raimundo Trindade informa que o conflito ocorreu "por volta de 1760".

A seguir, começam a surgir, também, mais ou menos na mesma época, os choques entre as antigas irmandades do Santíssimo Sacramento, proprietárias de diversas matrizes, contra as novas corporações que eclodiam. É que as diversas S. S. da primeira década, pioneiras da instalação do clero em Minas, tinham todas as prerrogativas e regalias a princípio, e, por isso, sentiram-se ameaçadas pelas novas corporações fundadas por novos potentados que nasciam com interesses diferentes daqueles dos

---

1. C. R. Trindade, *Instituições de Igrejas no Bispado de Mariana* e S. de Vasconcellos, *Mariana e Seus Templos*, p. 3.

reinóis e magistrados dos primeiros tempos. Salvador Furtado, por exemplo, foi provedor das irmandades do Santíssimo Sacramento de São Caetano e Ribeirão do Carmo diversas vezes antes de 1710, tendo[2] inclusive, construído uma capela. Já o famoso contratador João Fernandes foi quem doou a igreja do Carmo de Diamantina, e o próprio Governador Conde de Valadares, em 1769, era o protetor da Ordem Terceira da Paciência de Ouro Preto, como ficou demonstrado em capítulo anterior.

Eis o documento encontrado nos arquivos da Ordem Terceira do Carmo de Diamantina, pelo qual vemos que João Fernandes era benfeitor dessa irmandade:

> Faço saber que me constou por fé de escrivão q. esta subscreve ser o signal publico e razo retro do Tabelião Domingos Coelho Brandão; o que hey por sertificado (ilegível) Rio a Sette de Mayo de mil sette centos setenta e oito. Eu Antônio Machado Freire o subscrevo – João Antº Soter de Mendonça – Representando-me o sobretidos Prior, e mais Irmãos do Difinitorio da Ordem Terceira de Nossa Senhora do Monte do Carmo do Arraial do Tejuco, ter sido a Capella que prezentemente possuem por doação que della fez o Dezembargador João Fernandes de Olliveira, edificada pelo mesmo, com licença do Ordinário da respectiva Diocezi quando devia ser com licença minha como grão mestre da Ordem de Christo; Epedindome fosse servida confirmar a Ereção da mesma capella constante dos documentos em corporados Og: vistos, e resposta do Procurador Geral das Ordens: Hey por bem e eme praz fazer Mce. aos referidos Procurador mais Irmãos da Ordem Terceira de Nossa Senhora do Monte do Carmo do Arrayal do Tejuco de confirmar a Ereção da Capella, que com aivocação de São Francisco de Paula edificou no mesmo Arrayal o Dezembargador João Fernandes de Oliveira o qual faz Doassão della a mesma Ordem Terceira como Comeffeito confirmo e hey por confirmada cuja Capella ficará anexa e sujeita a Ordem de Christo e gozará de todos os Previlegios, liberdades, e izensoens que competem a todas as Cappellas dos Terceiros de Nossa Senhora do Carmo. E por firmeza de tudo lhe mandei dar a prezente carta de confirmação [...].

---
2. F. de Menezes, Templos e Sodalícios, *Bi-Centenário de Ouro Preto*, p. 260 e C. R. Trindade, op. cit., p. 325-326. Este último escreveu longo artigo sobre a Mercês, *Revista* DPHAN.

A Rainha Nossa Senhora o mandou pellos Deputados da Meza da Consciencia e Ordens. Lucio de Mello Sa. e Sebastião Francisco, Manoel Francisco Caetano Estoch da Fonseca fez em Lisboa aos vinte e quatro de agosto, pagou mil e quatrocentos reis, e de asignatura quatrocentos reis.

Seguem-se várias assinaturas e a data: "30 de Outubro de 1788. Registrada af. 147 do L° do Regt° dyta Chanc ͣ da Ordem S ͣ Castro".

No verso há uma nota em que se diz: "Os Irmãos e Mezarios podem celebrar procissões festivas com o Santíssimo".

Diz ainda o documento que o mesmo foi entregue "ao cap. João Francisco Coelho, irmão professo de Nossa V. Ord. 3 ͣ do Carmo". Esse irmão foi a Lisboa especialmente para tratar de assuntos da ordem.

Apesar de todas as garantias asseguradas à ordem Terceira, não foi tranqüila a sua vida no tumultuoso arraial do Tejuco. Em carta ao Comissário Padre Antônio Trindade Oliveira Gonçalves, de 1777, apresentando relatório de eleições e solicitando a aprovação das mesmas, há ligeira passagem, sem dúvida muito expressiva, pois reflete a animosidade reinante, que é a seguinte:

> Segundo a pratica dos nossos mesmos predecessores, enviamos a V.P.R. vinte e quatro mil, applicados para Esmolla de hua Missa que a V.P.R. pedimos por tensão desta V. Ord. Esta muitos annos há que se acha empenhada por ocazião das obras do seu estabelecimento: tem sido perseguida pelo Vigr° desta freg ͣ atitulo de direitos Parroquiaes, acujo respeito: obtivemos S. Snn ͨ ͣ a nosso favor, que sendo embargada pela parte – termo ilegível – Seu Favor e appellada por nós para o Cabe ͩ ͤ. de Mariana, temos boas esperanças de ser data a nosso favor, assim como conseguimos de um recurso que pozemos no Juízo da Coroa [...][3].

O primeiro bispo a visitar a região das Minas foi Frei D. Antônio Guadalupe. Publicou então uma pastoral (capítulos de visita) citado por Diogo de Vasconcellos[4], em que lemos o seguinte trecho daquele prelado:

---
3. Arq. Ordem Terceira do Carmo, Diamantina.
4. D. de Vasconcellos, *História da Civilização Mineira*: bispado de Mariana, p. 31.

> [...] escravos, principalmente da costa da Mina, retém algumas relíquias da sua gentilidade, fazendo ajuntamento de noite com vozes e instrumentos em sufrágio dos falecidos [...]. [...] recomendamos aos Rd. Vigários que de suas freguesias façam desterrar estes abusos, condenando em 3 oitavas para a fábrica aos que receberem em suas casas e ajudarem estas superstições".

A Igreja e o governo permitiam certa continuidade do rito africano, quando este não se conflitava com o código religioso[5]. Em alguns casos houve uma adaptação de códigos.

O crescimento das ordens terceiras provocou a decadência das matrizes, e, conseqüentemente, de várias irmandades do Santíssimo. Estas, ou os vigários das freguesias, percebendo o fato, lutam contra os terceiros sob os mais diversos motivos ou até sem motivo.

Logo que venceu a oposição da Ordem Terceira de Vila Rica, da qual fora filial, a Ordem Terceira de Sabará consegue se instalar em 1761. Da história dessa irmandade, contada documentadamente por Zoroastro Passos, é o seguinte trecho:

> No mesmo ano de 61, a Ordem do Carmo, em represália à Irmandade do Santíssimo que talvez se despeitasse com a fundação e procurasse intervir em seus atos, numa petição ao Bispo de Mariana, cuidando das primeiras novenas à Senhora do Carmo e sua festa, pede textualmente: "que as funções que a Veneravel Ordem 3ª tinha de costume e obrigação fazer com o Senhor Exposto senão entormentessem a peturbalos Irmãos do mesmo Senhor com opaz vermelhos ao orar e nem nas prociçoins publicas apegar nas varas do pálio [...].

O despacho do Bispo foi favorável à ordem Terceira nesse documento há o trecho: "[...] que na referida festa de Nossa Senhora do Monte do Carmo, e sua procissão em que ha de ir o Senhor Exposto levado pelo seu reverendo comissario senão entormetão os Irmãos do Santíssimo Sacramento, porque [...]", etc[6.] Em uma petição encontrada também no arquivo da Ordem Terceira de Diamantina,

---
5. R. Bastide, *As Religiões Africanas no Brasil*, v. I, p. 78.
6. Z. V. Passos, op. cit., vol. I, p. 13

verifica-se vivo atrito ocorrido entre o vigário da Matriz de Ouro Preto e a Ordem Terceira da mesma vila. Trata-se de documento de 1776 e dele destacamos a seguinte passagem:

> Havendo-se pois conhecido e estando decidido já por S^{nnç} que se acha em execução não estar a igreja dos sup^{es}. nas precizas circunstancias de se reputar anexa a Igreja Matriz, de ter a Ordem dos sup^{es} todas as qualidades e prerrogativas q. a caratherização entre as mais Ordens Regulares, e de não haver título depropriedade ou posse Etc. com os R^{dos}. Vigarios e Parachos daquella Igreja Matriz, por bem do qual possam empedir os actos meran^{te} Ecleziasticos q. por mais de uma vez tem praticado a Ordem dos Supes a vista e face dos Rd^o Antecessores do Supd^o he sem duvida que turbativa e expoliativamente procedeo o Red^o Supd^o ao embaraço e impedimento q. intentou contra os supt^{es} e q. lhes não foi menos afflitivo o venerando despacho de V^a Exª emquanto condescende com amesura Suplica..."[7].

Os atritos se sucedem em toda a região de forma semelhante. Da mesma maneira que houve cisão na Mercês de Ouro Preto, houve na irmandade do mesmo nome, de Diamantina. Aires da Matta Machado Filho[8], informa sobre a Mercês dessa cidade cujos irmãos pertenciam à Rosário: "homens crioulos faziam parte da Irmandade de N. S. do Rosário dos Pretos. Dela, porém, se desincorporaram e indecorosamente, com palavras menos decentes, dizendo ser esta hua Irmandade de negros."

Por outro lado, os vigários das freguesias também protestam contra as ordens terceiras, alegando que as mesmas tentam constantemente usurpar seus mais legítimos direitos. Encontramos a esse respeito vários documentos significativos, como, por exemplo, uma carta ao Capelão Alexandre Farnese da Paixão (datada de 1792), para o "Remd^o Srnr. Comissário e Senhores Prior, Definidores e mais Mezarios da Vel. Ordem 3^a de Nossa Senhora do Monte do Carmo." Neste já é visível a mudança de linguagem que se nos apresenta queixosa, porém amável. Todavia, afirma:

> [...] que a Rainha Nossa Senhora, q. Sua Mag^{et}., por seo real decreto do 1° de dezembro de 1790, mandou conservar os parochos no

---
7. Arq. Ordem Terceira Diamantina.
8. A. da M. Machado Filho, *Arraial do Tejuco Cidade Diamantina*, p. 217.

direito, e regalia de oficiar todas as capelas, e ermidas, sita dentro dos limites de suas respectivas Freg[as]., em conformidade dos Cânones, e disciplina da Igreja. Não Senhores. Eu Contemplo a V.V.C.C., seja por qualquer principio manutenidos inda nestes mesmos privilegios, q. não disputo agora, se verdadeiros, se arrogados. Vou unicamente à fazer lembrar à V.V.C.C. a manifesta distinção, q. à, entre privilégios e direitos e q. aqueles não só, plos. actos, efestividades privativas da encorporazoins, a q. se concedem, e em não a devem prejudicar os direitos parochiais de q. por elles se subtraem. Nestes termos, espero, q. V.V.C.C. assim o fasão entender, e religiosamente observar nessa sua capela, ou não admitindo nella acto algum solemne ou festividade que não seja própria da Ordem.

Durante toda a fase colonial em Minas, as festividades ou cerimônias religiosas atuavam no espírito popular de forma sedutora e impressionante. Tais cerimônias tinham excepcional poder de seduzir e atrair os fiéis. Daí, o grande interesse que as ordens e irmandades tinham pela realização das suas festividades. Com o correr do tempo, as irmandades foram absorvendo das matrizes a tarefa de realizar a maioria das festas religiosas. Como estas irmandades possuíam seus comissários, os vigários das freguesias foram sendo quase que alijados das práticas religiosas que caracterizavam a vida da sociedade.

Por isso mesmo, houve ocasiões em que esse conflito tomou aspectos realmente violentos. Numa carta dirigida pela Ordem Terceira do Carmo ao vigário capitular, podemos verificar a situação: [...] O Red° Frutuoso Gomes da Costa, Capellão da Capella de S. Antonio daquelle Arr[al]. com incivilidad[e] numa praticada lhe intimou ao Diácono, e Sub Diácono hua ordem de suspensão por não exercitarem Seu Santo ministério da ordem o q. conseguio, fazendo retroceder para a Sacristia pelo estratagema persuazivo de dar a d[a]. Notificação pegando no braço ao Red°. Comss° e fulminando-lhe a suspensão para mais o aterrar: o escandalo que derramou no coração dos Assistentes este temerário arrojo de huma parte q. fazia[9]...

---

9. Arq. Ordem Terceira, Diamantina. O documento parece cópia do original enviado.

Encontramos ainda, junto a esses documentos, uma espécie de rascunho de uma carta que teria sido enviada a Sabará, em que a Ordem Terceira de Diamantina fazia consulta à sua irmã do Rio das Velhas sobre o impedimento a que o vigário da freguesia submetia o comissário da ordem. Lê-se então a frase: "Dr. José Correia da Silva, se sirva informar do que há e Se pratica no que acima fica exposto. E.R.S.M."[10].

Vejamos agora a luta travada entre a ilustre Ordem Terceira da Penitência (São Francisco), corporação que, no dizer do Frei Adalberto Ortmann, abrigava no São Paulo de antanho os homens homéricos da "raça dos gigantes" como Amador Bueno – "o que não quis ser rei" – contra os pardos da Arquiconfraria dos Mínimos do Cordão de São Francisco. Estes, evidentemente, embora não pertencendo à legendária estirpe da "raça dos gigantes", embora nada homéricos, pois eram, em última instância, um grupo entre vários da agitada mulataria de Vila Rica, reagiram bravamente contra os seus eminentes opositores.

Essa irmandade de pardos foi fundada na igreja de São José, pelo Vigário Matias Antônio Salgado, de São João Del Rei, no ano de 1761. Como já demonstramos, apareceu simultaneamente em várias cidades do ciclo do ouro. O Cônego Raimundo Trindade[11] se estende longamente sobre as origens históricas e canônicas dessa arquiconfraria, motivo pelo qual nos dispensamos de o fazer. Dentro da história da Igreja, essa corporação tem uma origem das mais legais e legítimas, tendo sido levantada "pela bula papal" *Ex Supernae dispositions* (19 de novembro de 1585), pelo Papa Xisto V[12].

Tendo essa confraria realizado uma procissão com as insígnias de São Francisco, a ordem Terceira protestou, iniciando-se a demanda que durou quinze anos, pois a arquiconfraria ganhou a causa em primeira e segunda instância, só perdendo em Lisboa, em última instância. De uma petição da ordem Terceira, é o seguinte trecho:

---
10. Idem.
11. C. R. Trindade, op. cit., p. 90-92.
12. Idem, p. 91.

> Diz o Ministro Procurador Geral e mais Irmãos da Venerável Ordem Terceyra de São Francisco desta Vila [...] etc. [...] e sendo assim sucedeu que no dia de hontem dous de agosto de mil setecentos sessenta e hum introduziram os Pardos desta Villa intitulados da carconfraria do Cordão hua porção solemne que com ella serguirão a villa, levando por Penitencia de que usam os Suplicantes e a sua Ordem, e para mayor escandalo e força notoria formarão tambem uma figura ou corpo de noviciado, isto eh, de mulatos com Balandraos e sengido o cordão sobre cazacas, o que só eh permitido aos novissos das ordens terceiras que estão no anno de sua aprovação e sem professarem e de nehua forma aquelles que não tem entrada por recepsão de Abito no noviciado ou profição, e só sim hua só Bensoa no cordão quando se lhe lança e tudo isto fazem afim de perturbarem as regalias da ordem e querer lhe usurpar por este modo a posse pacifica em que estão à tantos annos no que lhe cometem força e expolio em usarem de insignias e armas e o demais que só compete aos suplicantes[13].

As ordens terceiras, nas suas constantes disputas, parece que ignoravam, ou fingiam ignorar, a clareza objetiva do direito canônico ao estabelecer os direitos e prerrogativas de todas as irmandades. Assim, por exemplo, nos casos (e foram muitos) de disputa pelo lugar de precedência nas procissões. O direito canônico é claro e explícito a respeito, mas as disputas continuavam. Somente no caso das duas ordens terceiras, o texto da lei poderia sugerir confusões, como veremos adiante.

O Cônego Trindade mostra, a seguir, que o ouvidor geral e corregedor da comarca deram ganho de causa aos pardos do cordão, frisando ainda não terem encontrado nenhum documento relativo à defesa destes. A decisão do ouvidor está datada de 2 de janeiro de 1762. De uma carta do Provincial Frei Manuel da Encarnação à ordem terceira, de 1762, transcreve o Cônego Raimundo Trindade o seguinte trecho[14]: "[...] vai a procuração que V.V.C.C. me pedem e de boa vontade lhes mando para que persigam com todo fundamento a todas as loucuras a que deu principio a imprudência do Rdº Vigário do Rio das Mortes".

---

13. Idem, p. 94.
14. Idem, p. 96.

Em outra carta do mesmo provincial, de 6 de setembro de 1762, notamos o mesmo clima polêmico e o mesmo empenho político:

> O pleito dos pardos da cidade de Mariana caiu nas mãos do desembargador o Capelo cadoz [queria dizer: "caiu no cadoz do desembargador Capelo"] e explicável é a minha doença que dois meses me dilatou na cama foi a causa de o não prosseguir e de mais, porém, ontem em casa do Doutor Chanceler e outros mais desembargadores que se achavam, lhe falei, de sorte que pedindo-me perdão, prometeu que logo já despachava, e entendo que bem, por que eu lhe repeti o que ele mesmo tinha dito, a saber, que essa história dos pardos era um desaforo grande; quando vier esta sua causa, escrevem V.V.C.C. ao seu procurador que veja se pode cair na mão do desembargador Silva, ou do Intendente Geral, aos quais como especiais amigos deixo esse negocio recomendado[15].

Logo depois, Cônego Trindade assinala que também Frei Inácio da Graça, o sucessor de Frei Manuel da Encarnação, escrevia à mesa outra carta, da qual é a seguinte passagem: Na mesma carta me recomenda o Rmº (Ministro Geral da Ordem) que extirpe os abusos das Confrarias do Cordão que, sem ligitima autoridade, erigiu nessas Minas o Dr. Matias Antônio Salgado"[16].

Toda essa vasta e curiosa documentação, pesquisada pelo Cônego Trindade, revela, de forma completa, que a Arquiconfraria do Cordão foi perseguida sistemática e obstinadamente pelo fato de ser uma irmandade de mulatos. Vemos também que o judiciário de então era movido através de empenhos, amizades ou influências. Os "pleitos" andavam pressionados pelos padrinhos e pedidos feitos aos desembargadores e autoridades.

Essa luta entre as duas São Francisco, aquela dos paulistas e esta da mulataria das Minas, durou, como já dissemos, quinze anos, o que demonstra que a arquiconfraria estava estribada em fortes razões; do contrário, não teria resistido por tanto tempo ao peso maciço dessa rede de amizades e empenhos mobilizados contra ela.

---
15. Idem, p. 97.
16. Idem, p. 96-98.

De uma carta da mesa, dirigida ao ministro provincial, Frei Inácio de Santa Rita Quintanilha, destacamos ainda este expressivo trecho final:

> Nos autos anda a pintura de um dos ditos confrades da forma que se vestem, donde se pode ver o descôco da sua devoção; faziam Ministros e toda a Mesa, como Ordem Terceira, tratando-se de Caridades, andando as pardas meretrizes com toda a basofia e cordão grosso, sem diferença das brancas bem procedidas. Com a sentença da Relação não fizeram mais atos nesta vila[17].

O documento refere-se ainda ao fato de, em Sabará e Mariana, existir também a arquiconfraria, citando o ocorrido em Sabará, onde uma mulata foi enterrada com o hábito de São Francisco:"[...] escandalizados de ver o habito tão mal estimado"[18].

A ordem terceira, para ilustrar a sua defesa, mandou fazer "uma pintura", documentando como se vestiam os irmãos da arquiconfraria. Essa ilustração foi enviada a Portugal com o processo. Seu custo foi de 2$400 rs[19]. O título da ilustração: "Retrato da forma pela qual andam os homens pardos".

A Ordem Terceira de São Francisco de Vila Rica lutou também contra a Ordem Terceira do Carmo da mesma cidade, durante trinta anos. O motivo foi o lugar de precedência nas procissões e enterros. Revendo o texto canônico, verificamos que havia certa razão o litígio, porquanto o cânone em questão é o seguinte:

> Can. 701, parágrafo 1, *Ordem de Precedência*.
>
> 1) Ordens Terceiras
> 2) Arquiconfrarias
> 3) Confrarias
> 4) Pias Uniões Primárias
> 5) Pias Uniões outras.

Ora, esse cânone, dizendo apenas que o primeiro lugar destinava-se às ordens terceiras, e, como este primeiro lugar era uno, criou o motivo do atrito, pois ambas as ordens terceiras queriam ser a

---

17. Idem, p. 99.
18. Idem, ibidem.
19. Idem, p. 100.

prioritária. Para que se soubesse qual delas seria, levaram trinta anos em demanda e apelações sucessivas.

Também a propósito dessa disputa, o historiador Cônego Trindade realizou magnífica pesquisa, incluída na sua obra sobre a São Francisco. Por isso mesmo, não nos estenderemos a respeito, pois qualquer leitor interessado poderá ir diretamente à fonte.

Devemos, entretanto, considerar que, depois de termos lido e meditado bastante sobre ou em torno desta memorável "batalha dos trinta anos" entre as duas grandes ordens terceiras de Ouro Preto, não encontramos elementos objetivos que nos autorizassem a uma conceituação ou diferenciação da categoria social das duas grandes irmandades. Pode ser que estejamos enganados e se venha ainda a descobrir detalhes expressivos ou documentos reveladores de conteúdo social nesta contenda. Por enquanto, porém, ela nos parece como simples disputa entre duas alas do mesmo agrupamento social, as quais, exatamente por pertencerem ambas ao mesmo escalão, disputavam o lugar de destaque na sociedade; são gerações do mesmo estrato. Analisando esse pleito, chegamos à seguinte conclusão, que não damos como definitiva, mas apenas como muito provável: tanto a Ordem Terceira do Carmo como a de São Francisco pertenciam à classe dirigente de seu tempo, e sua grande rivalidade surgira precisamente do fato de possuírem a mesma origem social. Isso levava cada uma delas a se considerar o organismo social de cúpula da sociedade e, portanto, superior à outra, quando se equiparavam como expressão social.

Não nos foi possível, porém, por enquanto, documentar tal tese, que constitui apenas uma hipótese ou menos que isso. Também a Ordem Terceira de São Francisco possuía, em seu seio, homens de negócios. Apenas estes, talvez, não chegassem a formar maioria. A consideração que a São Francisco dispensava aos comerciantes e até caixeiros (mesmo pobres), foi por nós demonstrada no segundo capítulo deste estudo. Entretanto, parece fora de dúvida que a Irmandade do Carmo era a mais rica de todas as corporações das Minas, mesmo em cotejo com a de São Francisco. Foram vários os intelectuais que pertenceram à essa agremiação, mas, por outro lado, o Vigário Dr. José Correia da Silva, um desses intelectuais, pertencia ao Carmo de Sabará, chegando mesmo a ser o seu reverendo comissário. Sendo viável a nossa hipótese, o fato se explicaria pela inexistência da Ordem de São Francisco na cidade do Rio das Velhas. Não se pode, entretanto, deixar de considerar que tanto os comerciantes como os intelectuais, a rigor, integravam no fundo a mesma camada social. Lembremos ainda que as procissões religiosas eram, àquela época, ocorrências sociais de muita significação para a população local. O lugar de precedência nessas cerimônias públicas não podia ser de fato tão comezinho como pode nos parecer hoje[20].

A demanda das duas ordens deve, portanto, ser analisada apenas como disputa natural em torno do lugar de maior projeção no meio social de então, não revelando conteúdo ou substância maior. Dois grupos (ou duas frações de grupo), do mesmo nível social, disputam, encarniçadamente, o seu destaque nas manifestações da vida social e religiosa de então. Por isso mesmo, esse pleito lembra, em certo sentido, a disputa ocorrida em nossos dias entre dois partidos da mesma classe, como PSD e UDN*, pois são conflitos sem motivações programáticas. E quando as duas irmandades proclamam a paz, novamente se destaca a analogia do conteúdo de ambas.

Já não são desse caráter os pleitos travados entre as irmandades do Santíssimo e as ordens do Carmo; ou entre a São Francisco e os pardos do Cordão. Em todas essas lutas, as determinantes do processo de estratificação social se destacam, como evidentes e os choques possuem claro sentido de antagonismo de classe.

Outro tipo de luta é aquela travada entre a Irmandade do Carmo de Ouro Preto contra a fundação da mesma em Sabará. O motivo aí é

---

20. P. C. de Moura, *São Paulo de Outrora*, p. 36, afirma que, também ali, o Carmo realizava grandes festividades: "à religiosidade do Carmo, como era natural, convergiu toda a atenção do S. Paulo do Segundo Império. Ali as melhores missas cantadas, as melhores Semanas Santas, as melhores procissões." M. de Andrade, *O Aleijadinho e Álvares de Azevedo*, p. 24, escreveu sobre o mesmo assunto: "As procissões melodramáticas desciam as abas das cochilhas pisando chão empedrado pela escravaria..." Em se falando em procissões, é obrigatória a citação ao Triunfo Eucarístico, *Bi-Centenário de Ouro Preto*, p. 229. Esse é o clássico das procissões.

* Respectivamente Partido Social Democrata e União Democrática Nacional, as maiores agremiações políticas na década de 1950 - N.O.

simplesmente egoístico: a primeira não queria perder a expressiva contribuição em dinheiro que a segunda, como filial, assegurava-lhe. Afirmou a Ordem Terceira do Carmo de Sabará, em 1761, que já possuía mil filiados, coisa altamente significativa. Essa corporação estendia-se por vários distritos, através das presídias (filiais), havendo provas documentárias de grande número delas.

Houve mais, em Minas, os seguintes pleitos: Rosário contra Irmandade dos Passos de Mariana, em 1746; motivo: percurso da procissão dos Passos passando pela Igreja do Rosário dos Pretos. A Irmandade dos Passos pretendeu desviar o trajeto, evitando essa passagem. Ordem Terceira de São Francisco de Ouro Preto contra a mesa da Consciência e Ordem que não lhe aprovou o estatuto. Irmandade de S. Gonçalo contra Ordem Terceira do Carmo de Mariana, em 1758; motivo sem maior significação. Luta prolongada do S. S. de Sabará contra Carmo da mesma cidade. Idem, em Diamantina e Ouro Preto, além de várias outras contendas ainda pouco estudadas. Houve também sintomas evidentes de lutas não documentadas, que, por isso, deixo de citar. Muito curioso foi o atrito entre a Ordem Terceira de São Francisco e o Ministro Provincial F. Inácio da Graça Leão; apadrinhou-se a Ordem com o Ministro Geral Fr. Pedro João de Molina[21]. De inegável significação política deve ter sido também a luta que criou a Segunda Mercês (1760), de Ouro Preto. Sabe-se das boas relações havidas entre uma dessas Mercês e a monarquia durante o século XIX. Nessa época há outros fatos indicativos da atividade política dessa corporação.

Em uma tentativa de síntese, vemos que tais conflitos apresentam as seguintes características principais:

Crioulos x Rosário e São Francisco x Carmo; trata-se da disputa pelo prestígio social no seio dos mesmos agrupamentos;

Ordem Terceira do Carmo x S.S.: conflito econômico entre a classe dos comerciantes contra os antigos reinóis e bandeirantes, numa projeção histórico-social da guerra dos emboabas.

---
21. C. R. Trindade, *São Francisco de Assis de Ouro Preto*, p. 157.

Mínimos do Cordão de São Francisco x *Ordem* Terceira *de São Francisco*: conflito étnico-econômico e antagonismo de classe.

Nessa classificação, consideramos, em primeiro lugar, o fato assinalado por Mário de Andrade, escrevendo sobre Antônio Francisco: "Raça e classe se confundem dentro dos interesses da colônia". De fato, a discriminação racial foi muito mais expediente do que um preconceito no sentido atual dessa expressão. As leis da igreja não discriminavam o homem de cor, a preferência sexual do branco também não, mas o interesse de classe estabeleceu a discriminação como um dos seus "princípios" mais rígidos. É exatamente por esse motivo que os conflitos, envolvendo as irmandades de pardos, foram mais violentos [...] pelos simples fato de formarem a classe servil, mais livre[22].

O estudo desses longos conflitos judiciários da segunda metade do século XVIII coloca a questão dos antagonismos que ocorrem ao longo do processo de formação dos estamentos sociais no período colonial, tema pouco considerado pelos nossos analistas. Observa-se que a visão dos nossos estudiosos prende-se a determinado ângulo que, válido ou não, nunca é único, havendo sempre outros aspectos também relevantes. Trata-se do hábito mental de se pensar a realidade através de generalizações, numa perspectiva imobilista não contraditória.

O caso, por exemplo, das contradições e mudanças que, geralmente, ocorrem e expressam a feição dinâmica do processo social, fazendo com que um agrupamento, em dado momento, represente certa posição no conjunto pesquisado e outra bastante diferenciada na fase seguinte é fato curioso e significativo.

Apesar da referida mudança, o analista continua com o conceito mecânico através do qual se pretende "ver" aquela realidade. Ora, nenhum processo é imóvel. Mesmo um contexto altamente polarizado entre cúpula e escravatura não deixa de apresentar sua dinâmica específica. Abordando o problema do imobilismo em alguns dos nossos analistas sociais, escreveu Fernando Henrique

---

22. M. de Andrade, op. cit., pág. 15.

Cardoso: "Não se passa por uma análise de contradições, nem, muito menos, se vislumbra o movimento que transforma aquilo que é no seu contrário e vice-versa; por outro lado não se procura ver como uma categoria se transforma, não no pólo oposto a si apenas, mas na sua negação"[23].

Para aqueles analistas, diz o autor citado "pedra é pedra, água é água", inimigo de um lado, amigo do outro, diremos nós, e a realidade se torna tão clara e simples que nem haverá maiores discussões. Dúvidas? Por quê se tudo é tão cristalino e evidente? Por isso mesmo, conhecemos pouco a formação dos estratos sociais na fase da colônia.

Em se tratando das irmandades religiosas do século XVIII, em Minas, as transformações funcionais dessas agremiações são incessantes. Basta considerar que, criadas pela igreja aliada ao poder absolutista luso para propagar a fé e construir templos, chegaram a ser entidades creditícias, quando era proibido emprestar dinheiro a juros e o era por imposição da própria Igreja católica[24].

Mas o que nos interessa é a análise das determinantes principais dessas transformações, porquanto é a mudança de comportamento do grupo em foco e da sociedade em que esse grupo surgiu.

Observamos que determinada posição, desta ou daquela irmandade, muitas vezes, muda por completo, passando sua função de religiosa-ritualística à reivindicatória, desta para uma terceira posição não prevista e assim por diante. Foi o que se deu com as irmandades do Santíssimo Sacramento.

Essa agremiação formava, em conseqüência da sua origem e das funções que essa origem veio criando ao longo do tempo, um lugar privilegiado entre as demais irmandades. A própria devoção motivadora (S. S.) já indicava a alta posição ocupada por ela entre os fiéis. Tratava-se de uma associação basilar para o relacionamento

---

23. F. H. Cardoso, *Autoritarismo e Democratização*, p. 100.
24. T. A. Gonzaga, *Tratado de Direito Natura:* carta sobre a usura, minutas, correspondência, documentos.

do poder civil com a Igreja. As diversas irmandades do Santíssimo Sacramento desempenhavam a tarefa de ligar a cúpula do clero aos grupos da administração reinol. Como na vida eterna celestial a figura máxima é o Santíssimo Sacramento; na terra, a irmandade dessa invocação era a primordial, englobando os "homens bons", isto é, as autoridades e as pessoas de *status* superior. Essa predominância revelava-se não só através das honrarias que lhes eram outorgadas como também pelo próprio poder econômico da agremiação. Era esta que construía as matrizes, recebendo, nestas, as outras irmandades que iam surgindo, pertencentes aos grupos mais humildes. As S. S. lideravam o movimento das irmandades, unificando-as no seio das matrizes, estabelecendo uma hierarquia social na prática da vida religiosa dos grupos.

Mas, já no meado do século, as duas ordens terceiras, Carmo e São Francisco, expressando o poder econômico-social de novos agrupamentos que se desenvolveram (dos comerciantes e intelectuais) reduziram rapidamente a projeção e os privilégios daquela antiga agremiação, que, a julgar pelo sistema de valores e código religioso institucionalizado, sempre havia sido a primordial. É que houve uma mudança em toda a correlação de forças agora constituídas de novos estratos, pressões e objetivos grupais. Essa transfiguração se apresenta não só em decorrência do aparecimento das novas frações da cúpula (São Francisco e Carmo), como também pela eclosão do estrato intermediário formado por artífices, artesãos, pequenos funcionários da Justiça, enfermeiros, artistas plásticos, músicos, principalmente estes e outros trabalhadores assalariados que por isso mesmo, distinguiam-se, tanto dos escravos como dos grupos da elite.

A partir de 1740 e 1750, o prestígio social dos "homens pardos" cresce de forma impressionante. Não só o número dos "pardos livres" aumenta consideravelmente, como esse grupo se afirma, cada vez mais, por seu talento e capacidade artística. Além disso, os profissionais das "artes mecânicas" são numerosíssimos. Escreve o insigne pesquisador do século XVIII minerador, Curt Lange:

É bem conhecida hoje não só a participação do mulato na elevação do nível social e, particularmente, do seu próprio nível de vida, mas também a sua penetração célere no círculo dos ofícios. A mão de obra foi escassa no veloz surto de vida mineira e, em todas as atividades, o mulato veio aprender, e evoluir, e a equiparar-se a seus mestres brancos[25].

Houve aí não só mudança da correlação de forças, como visível mutação no sistema conceptual, vale dizer, da própria "visão do mundo" da *intelligentisia* da época. A polarização inicial (senhor e escravo) com uma ideologia medievalista amplia-se, os antagonismos se aguçam e se diversificam em atritos grupais ou de frações de grupos. Essa transformação profunda, porém, não é geral como se houvesse uma mágica transfiguradora e mecânica. É uma mudança heterogênea, mesclada e contraditória.

O intelectual atua tanto estratégica como taticamente, mas seu comportamento ideológico, no fim do século, é sempre conseqüente, embora contraditório, no sentido de estabelecer a consciência crítica que o ajudou a preparar a Inconfidência. Vemos, então, um grupo arcádico e outro filiado ao barroco tardio que se arregimenta em torno das academias. Uns fazem uso do estilo encomiástico, visando, com esse expediente tático, propagar as idéias da ilustração (Silva Alvarenga e Alvarenga Peixoto são exemplos); outros praticam a mesma literatura de forma ingênua, porquanto estão ainda ideologicamente ligados ao medievalismo e à escolástica.

A camada social emergente, nascida da miscigenação intensa, dinamizada pela vida urbana e pela economia mercantil, constituindo o atuante grupo dos pardos-livres, teve uma função da maior relevância para a correlação das forças sociais durante os últimos trinta anos do século. Talvez, em parte, essa força tenha se originado do fato de este estrato ser formado por assalariados que atuavam dentro de um contexto escravocrata; talvez outras causas tenham contribuído para a abertura, inclusive a própria política ilustrada de Pombal. Afirma, por exemplo, o historiador inglês Boxer, conhecedor

---

23. F. C. Lange, *As Danças* Coletivas Públicas no Período Colonial Basileiro e As Danças da Corporações de Ofícios em Minas Gerais, *Barroco*, pág. 41.

da história do Brasil, em comentário ao iluminismo progressista do Marquês:

> Este édito (decreto de 2 de abril de 1761) informava ao vice-rei da Índia e ao governador geral de Moçambique que daí por diante os súditos asiáticos da Coroa portuguesa que fossem cristãos batizados deviam ter o mesmo *status* social e legal, que os brancos nascidos em Portugal, pois "Sua Majestade não distingue seus vassalos pela cor, mas por seus méritos[26].

Outro fato que pode ter influído, este de origem ética, é o hábito de o homem branco libertar o filho da sua união com a mulher, de cor. A criança nascia escrava, mas era libertada na pia batismal. Por outro lado, demograficamente, também a superioridade dos pardos é patente e, neste caso, podemos ver a quantidade se transformando em qualidade. O fato é que os pardos imprimiram às irmandades (Arquiconfraria do Cordão, Mercês, S. José dos Bem-Casados etc) uma característica sem dúvida reivindicatória. Em muitos aspectos, as associações de homens pardos foram precursoras do dinamismo social de épocas posteriores. Essa feição inquieta e dinâmica dos mulatos ocorreu tanto nas disputas de prestígio, como na pintura, escultura, música, dança e literatura, como também nas corporações de ofícios, segundo importante pesquisa do Curt Lange, já citada. De resto, durante o período, a eclosão demográfica dos pardos é quase geral no Brasil[27].

Também as mulheres "pardas" tiveram projeção e despertaram atração sexual e sentimental por sua graça dengosa, feminilidade, inteligência viva, meiguice e, principalmente, por seus predicados domésticos, quando se revelaram exímias doceiras, costureiras, amas carinhosas. Antonil, no tão citado *Cultura e Opulência,* já falava no alto valor (600$00) alcançado por uma "mulata de partes", e Gregório de Matos já escrevia com sutiliza expressiva: "Que bem bailam as mulatas/Que bem bailam o Paturi"[28].

---

26. C.R. Boxer, *Relações Raciais no Império Colonial Português 1451 – 1825*. Sobre os aspectos progressistas da política pombalina, V. W. Chacon. .Apresentação em C.R. Boxer, op. cit., p. 17.

27. No Rio, como em Pernambuco, houve essa eclosão dos homens pardos. Diz H. Koster sobre Recife no tempo de D. João VI: "a maioria dos melhores artesãos é também do sangue mestiço", *Viagens ao Nordeste do Brasil*, p. 482.

28. G. de M. Guerra, Cançoneta, *Obras Completas,* v III, p. 581. A. J. Antonil, *Cultura e Opulência do Brasil.*

Em Minas, tanto como nas demais regiões brasileiras, houve, sem dúvida, aquele tipo de relacionamento que poderíamos, talvez, chamar de "proteção-paternalista-opressiva", tão bem sintetizada pelo par doméstico padrinho-afilhado. No entanto, na mineração, a relação social do agrupamento médio com a cúpula e com a base da pirâmide (isto é, com a massa escrava) é bastante diferenciada e conflitante. Em primeiro lugar, convém lembrar que o pardo-livre possuía escravos, como o Aleijadinho, por exemplo, que tinha três deles. Parece que a diferença ocorrida em Minas foi, em parte, determinada pelo fato de a vila ter funcionado como núcleo irradiador da formação social, sua origem e desenvolvimento. Isto é, o conjunto de organismo social não foi rural-escravocrata, como em São Paulo ou no Nordeste açucareiro. Todo o "universo" das relações sociais teve seu dinamismo influenciado pela existência do mercado interno e do convívio citadino. Imprimindo feição e função reivindicatória às suas irmandades, os agrupamentos médios, ligados à produção em nível acima do escalão escravo, apresentam um comportamento diferenciado das outras duas camadas, a alta e sua base, que era a escravaria. Entre os dois pólos, girava o grupo intermediário, assalariado, mas girava em fase de expansão demográfica e social, numa região que, ao mesmo tempo, passava por acentuada depressão econômica. Além dessa contradição tão aguda ocorrida ao nível do particular, havia outra ao nível institucional: era o vigoroso contraste entre o sistema que já definiram como medieval-fiscalista-luso em confronto a uma mentalidade cujo dinamismo deve ter sido influenciado pela própria atividade móvel e aventureira da prática mineradora, em um contexto mercantilista que atravessava densa crise de produção[29]. Crise esta que a comunidade tentava superar através da diversificação da infra-estrutura econômica, com pequenas indústrias ou artesanatos mais avançados como ourivesaria, de tanta possibilidade àquela época. O advento e desenvolvimento do artesanato é ilustrativo: tendo sido praticada longamente em Minas (até aos nossos dias), fora proibida pela Carta Régia de 30 de abril de 1766, governo de Pombal. Entretanto, as próprias autoridades perceberam a impossibilidade de pôr em prática o dispositivo legal[30].

---

29. Simonsen op.cit., p.284.
30. H. F. Lima, *História Político-Econômica e Industrial do Brasil*, p. 108. Pizarro, *Memórias Históricas do Rio de Janeiro*, v. V, p. 161.

O governo metropolitano não compreende tais pretensões, porquanto não pensava industrializar nem a própria metrópole[31]. Não há dúvida de que Pombal percebeu o problema, como viu a pressão inglesa contra Portugal. Mas, se tentou industrializar o País, seu empenho ilustrado, apesar de toda a sua imensa luta, não atingiu seu objetivo.

Vemos, pois, três níveis nas contradições que assinalaram a vida social em Minas na segunda metade do século XVIII, que são: a primeira, ao nível da estrutura, é a contradição entre o modelo institucional imposto de fora e a realidade interna emergente, que era acionada pelo dinamismo de uma economia urbana-mercantilista. A segunda contradição resultou da necessidade (social) de uma atividade artesanal e de uma mão de obra de nível superior àquela que a escravatura poderia fornecer. A terceira, conseqüente da segunda, criou-se pelo sistema escravocrata e seu fechamento.

Por outro lado, nem a discriminação institucionalizada pelo código religioso nem as estruturas jurídicas nem o sistema conceptual permitiam aos agrupamentos médios galgar os escalões superiores, limitando, de forma estática, um grupo que estava em expansão dinâmica. A capacidade excepcional dos pardos em todos os ramos artísticos e intelectuais esbarrava no preconceito rígido. E quanto mais os mulatos se afirmavam, maior era a oposição que encontravam.

Temos um quadro constituído por agrupamentos, frações e subgrupos, estabelecendo um escalonamento diversificado em que os conflitos também se diversificam. A camada superior se fragmenta entre reinóis, comerciantes e intelectuais; os médios, entre funcionários do judiciário ou da administração pública e comerciários; os homens livres se subdividem nas frações de mulatos, brancos e crioulos (pretos forros) e, finalmente, há os escravos surgindo (também em grande número), os marginais, Mas, nesse conjunto, três escalonamentos são os principais: brancos, pardos e negros.

---

31. J. Golgher, O negro e a Mineração em Minas Gerais, Revista Brasileira de Estudos Políticos, n, 18. O autor demonstra a dificuldade para compreender a situação vivida pela Coroa portuguesa.

Há uma interligação dos três níveis de contradições, fazendo com que estas se intensifiquem em choques sucessivos, como na fase da Inconfidência, quando a "derrama" promove a mudança qualitativa da correlação das forças, provendo uma ampla frente unitária.

A pressão da contradição principal, intensificada pela queda da produção, estabeleceu certa confluência de interesses dos três escalões principais, determinando uma coincidência de comportamentos e interesses. O fato chega ao ponto de o escravo não denunciar o senhor branco pelo crime de contrabando, fato que proporcionou interpretações várias[32].

Evidentemente, o escravo não usava a delação porque os quilombos comerciavam com as cidades, necessitando, portanto, daquele contrabando. Isto é, a ausência de delações não corresponde à ausência de quilombos. Temos uma situação nada esquemática: a massa escrava lutava nos quilombos, mas não denunciava os brancos, porque entre estes e os quilombolas havia interesses comerciais vitais, para os quilombos. Há também indícios de que os escravos fugidos serviam ao trânsito do contrabando. Como se sabe, havia até mesmo Casa da Moeda clandestina.

Vemos, por conseguinte, que a contradição principal não era entre escravos e senhores, mas, sim, entre a colônia e a Coroa, nós e eles, fora e dentro. Em outras palavras: os brancos dependiam dos quilombos para contrabandear o ouro, e estes necessitavam do comércio das vilas para se abastecer. Há um entrosamento de interesses entre comércio e mineração. E o fato é decorrência do mercantilismo, criado nas vilas com seu mercado interno. A separação entre cidade e campo define a formação mercantilista[33].

E aqui ocorre um fato significativo que se pode observar claramente no período aurífero de Minas: é que o desenvolvimento do "poder

---

32. S. de Vasconcellos, *Mineiridade:* ensaio de caracterização, p. 64-65. J. Scarano, *Devoção e Escravidão*, a Irmandade de Nossa Senhora dos Pretos no Distrito Diamantino no século XVIII, p. 89.

33. F. H. Cardoso, op. cit., p. 118. "Assim a formação do comércio mundial, a especialização da produção urbana e a articulação de redes comerciais, processos interligados, estiveram na base da formação do capitalismo e da burguesia: A primeira conseqüência da divisão do trabalho entre as cidades é o surgimento de fabricantes..."

da cidade", como núcleo de vida, restringe ou enfraquece o poder metropolitano de fora como núcleo político dirigente. Enfraquecendo-o, ensejava a dualidade e o espírito conflitante entre o judiciário e o executivo. E as próprias autoridades reinóis afirmam esse estado de ruptura entre duas escalas de valores. O General Gomes Freire de Andrade, herói de *O Uraguai*, sempre elogiado como administrador, ao escrever a Instrução e Norma,dirigida ao irmão e substituto no governo durante o período em que esteve no Sul, observou:

> [...] A inimizade dos ouvidores ainda é mais voraz. Os escrivãos lhes passam certidões de documentos de quanto imaginam ser-lhes convincente, e, posta a majestade tem declarado não tenham fé alguma, enquanto os ministros estiverem nos lugares, é sem efeito esta lei, porque os desembargadores dos tribunais, que são parentes, amigos e às vezes partidistas nos interesses, fazem valer não só as certidões falsas, mas as cartas que a acompanham[34].

Essa passagem, que é longa e muito ilustrativa, revela o ambiente de oposição e luta entre o executivo e o judiciário durante o ciclo do ouro. Esse clima de disputas e acusações de corrupção perdura durante todo o período, culminando na fase que foi tão veementemente fixada pelas *Cartas Chinelas*, no governo de Cunha Menezes. Este governador (1783-1788) esteve durante todo o seu período em luta com o judiciário, como se pode verificar pelas admiráveis pesquisas de Rodrigues Lapa[35]. São muitos os indícios e os documentos que revelam o clima social agitado e conflitante do período.

Em virtude dessa conjuntura, notamos que há certas características expressivas na história das irmandades: vemos que corporações pertencentes ao *status* econômico superior (como a São Francisco de Assis e o Carmo) celebravam quarenta missas de "sufrágios" para o irmão falecido, ao passo que as associações de nível econômico mais baixo ofereciam vinte missas. Entretanto, isso não motivava conflitos, mas era tacitamente aceito como sendo uma

---

34. Instrução e Norma que deu ao Ilmo. E Exmo. Sr. Conde de Bobadele a seu irmão... etc. em RAPM – T. IV, 1837, p. 730.
35. M. Rodrigues Lapa, *As Cartas Chilenas:* um problema histórico e filológico.

imposição natural da própria realidade. Mas, se algo feria o prestígio social da corporação, esta protestava logo (com a força do grupo) criando um clima polêmico que se prolongava durante vários anos. Isto é, os conflitos ocorriam sempre ao nível do prestígio grupal. Temos, então, um ambiente de antagonismos freqüentes, que não condizem com o espírito cristão que essas irmandades "deveriam" propagar e praticar. Entretanto, tais conflitos refletem a situação concreta da região na segunda metade do século.

Essas contradições internas que se desenvolveram dentro da estrutura, dinamizando-a e pressionando-a são claramente secundárias, porém, atuavam de forma vigorosa no sentido de acirrar a contradição principal. São choques de interesses entre grupos e frações de grupos que tentam se firmar com suas funções e suas regalias.

Diante desse quadro, o governo metropolitano, preso ao sistema de valores e às suas concepções medievais, não poderia compreender o sentido da "crise" mineradora e suas projeções. Não percebia, ou não estava ideologicamente preparado para perceber, a especificidade característica da situação; supunha o governo português que não havia tanta decadência da produção aurífera como estava sendo apregoado e que a sonegação, sim, seria o problema maior. A impossibilidade financeira dos mineradores, cuja renda bruta caía de forma fulminante, parecia mera desobediência gratuita. Habituados com a conciliação entre o senhor de engenho e a Coroa, quando a carga tributária (embora absurda) não provocava conflitos, não podia aceitar essa transfiguração provocada pela mineração[36].

Mas, nosso tema neste ensaio prende-se somente ao século XVIII e à região das Minas. Entretanto, o caráter essencial de conflito ao nível da estrutura, que procuramos pesquisar com base na vida das irmandades religiosas, pode também ensejar uma ampliação

---

36. Foi realmente extraordinária a rentabilidade da indústria açucareira, v. J. A. G. de Mello, *Antônio Fernandes de Matos 1671-1701*, p. 70. *O Contratador da Cobrança dos Dízimos*. O total bruto da arrecadação em um ano por apenas dezesseis engenhos, só em Pernambuco, atingiu 4.834$720, quantia fantástica para a época, p. 72. C. Furtado, *Formação Econômica do Brasil*. Simonsen, *História da Economia*.

de toda a perspectiva analítica. Parece bastante claro, ao longo do processo de formação da sociedade brasileira, um "estado" conflitante como sendo um traço dessa formação. Escreveu, por exemplo, arguto estudioso da nossa vida social:

> Um dualismo estrutural constitui o traço mais característico de nossa sociedade, sobretudo, quando a observamos neste momento, ainda sobre a influência de novas transformações. Este dualismo consiste na coexistência de duas sociedades diferentes no tempo cultural que convivem no tempo cronológico, procurando uma aproximação, mas sempre encontrando pontos de atrito[37].

---

34. M. Diegues Júnior, Estrutura Social Brasileira: aspectos do passado e transformações do presente, *Revista Brasileira. Estudos Políticos*, n. 33.

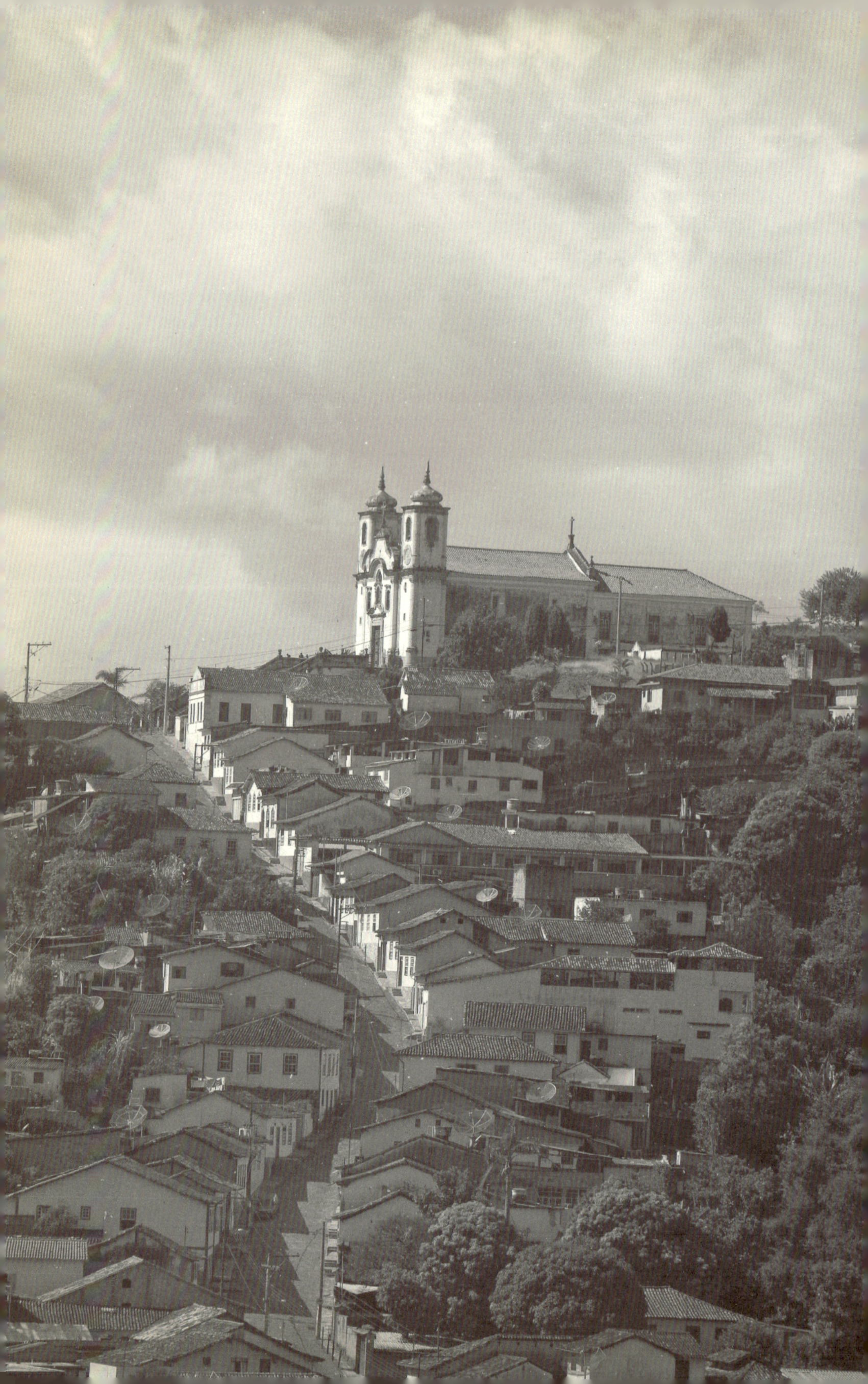

Capítulo V
Conclusão

Eram belas as cidades coloniais, pousadas nas encostas e ladeiras, contornadas pela verdura dos campos ondulados, sob o azul de um céu tão limpo, com seu casario colorido, onde predominavam o branco e o azul, com suas portadas e testadas em sangue de boi, suas ruas sempre curvas e acidentadas, pois que jamais conheceram a simetria monótona das planificações exatas. A cidade, em seu traçado sinuoso, era movimento puro. As ruas, porém, apresentavam um calçamento rústico, com aquele revestimento empedrado que tomou o nome popular de "pé-de-moleque".

Quase sempre a cidade possuía o seu largo da matriz, também chamado adro da igreja, ou vários largos, cada um deles contornando a sua capela. No princípio do século, eram vários os arraiais que brotavam à beira-rio ou beira-córrego, como Pilar, Antônio Dias, Ouro

Preto, ou Igreja Grande, Arraial da Barra, Largo das Mamoneiras, Arraial Velho no Sabará. Em Santa Luzia, existia o adro da matriz do Rosário, de Santana, da Intendência e outros. Em Diamantina, também a fragmentação inicial marca o nascimento dos arraiais. E eles crescem com o suor dos homens que rasgavam as grupiaras, furavam além do cerne das piçarras, buscando sempre as rutilâncias do minério rico que enlouquece o mundo.

Viajantes estrangeiros houve que intitularam Sabará, com sua morraria talhada sempre em sol e sombra, contornada pelos dois rios, de Suíça brasileira. Não chegaremos a tamanhos otimismos. Mas que a sedução visual e plástica desses pequenos burgos montanhosos é muito grande, não há como negar.

O viver da gente que cresceu nesses ninhos de taipa e pedra, adobe e cal, ripa de coqueiro e palhoças espalhadas pelas grimpas, cresceu bateando um ouro cada dia mais esquivo e difícil, em cada dia novo, mais escasso e sorrateiro; cresceu nas portas das vendas das casas geminadas, ao longo de ruas sobe e desce, em seus eternos caracóis de moradas fechadas aos ventos inclementes, às bruscas mudanças de clima, que de muito frio e úmido, chegava rapidamente ao meio-dia implacável, cujo sol queima sem esquentar. O viver dessa gente foi um viver de pobre, foi uma sagacidade permanente que não conheceu, jamais, a doce tranquilidade das abundâncias perenes ou estabelecidas em sólida economia sem susto nem surpresa. Nas Minas da mineração nada foi suave. A vida não era constância e plano. A imprevisibilidade das coisas, dos lucros, do tempo, das lutas, dos quefazeres, das viagens, dos assaltos pelas mantiqueiras abruptas, dos novos impostos que vinham do reino longínquo, cego e duro na sua portuguesa obtusidade, marcou o homem de duas características contraditórias: a introspecção e a aventura, a timidez e a audácia, o ceticismo e o protesto, a constância na luta e o apego a tudo o que é discreto e remanso, a decisão de sabotar que se reveste de indecisão, isto é, de displicência, um permanente querer que se escondia em não querer.

No princípio do século XVIII, houve uma avalanche de aventureiros que buscava ouro a todo custo e que passara fome, sofrera pestes várias, trabalhos brutais, para conseguir esse ouro. Era gente forte e audaciosa. Era gente que sabia querer. Não enriquecera, porém. Alguns, portugueses e baianos, viram no comércio caminho mais fácil e conseguiram situação abastada logo na primeira década. Tiveram, entretanto, que lutar demais, precisaram até mesmo de estabelecer um governo próprio, chefiado pela singular figura que foi Manoel Nunes Viana. Entretanto, a situação era muito instável, as condições oscilantes e tumultuadas pelos descobertos. A conjuntura histórica completamente desfavorável à permanência do avançado governo emboaba.

A partir de 1709 ou 1710, a mineração já representava ocupação mais sólida, conseguindo relativa estabilidade até 1730. Na região de Ouro Preto e Mariana, os emboabas perderam muito terreno. Pascoal da Silva Guimarães, esmagado, Nunes Viana exilado no sertão do São Francisco. Veio o governo do Conde de Assumar, que pendeu sempre contra eles. Os emboabas foram se concentrando no seu velho reduto do Rio das Velhas, o Sabaraboason que tantos supunham espécie de feudo de Manoel Borba Gato, mas que foi, antes, rico empório comercial, encruzilhada de terras e caminhos longos, núcleo emboaba dos mais fortes.

A partir de 1740, a situação de toda a região se configura numa espécie de crise permanente. O governo português, querendo aumentar a renda tributária, mas ignorando como fazê-lo; as lavras ainda produziam bastante, mas por pouco tempo. A produção, que de 1736 a 1751 fora de 225 mil quilos, chega nos últimos anos do século, período da Inconfidência (1789-1801), apenas a sessenta mil quilos.

No decorrer deste século tumultuoso, a população crescera muito. Os dados a respeito não são variados, mas dão uma idéia da expansão demográfica ocorrida. O número de homens de cor fora sempre bem maior do que o de homens brancos. A escravaria ocupava lugar destacado na estatística. Apesar da decadência do ouro, a expansão do comércio acarretava o aumento da mão-de-obra escrava.

Quando a estratificação social, ocorrida naquela sociedade baseada no absolutismo português e na diferenciação interétnica, atinge seu ponto maduro, os homens de cor, com suas subdivisões principais (que são escravos, crioulos, forros e pardos), encontram nas irmandades seu veículo social adequado, seu organismo de classe. No seio dessas corporações, lutam por seus interesses, aspirações e anseios. Não possuíam, todavia, uma tradição de luta, nem mesmo base ideológica. São acionados pelo instinto coletivo das próprias necessidades, reivindicam um lugar, uma forma de existir coletivamente, e encontram as irmandades permitidas pelas autoridades, única forma de organização legal possível. Houve, então, intensa absorção do catolicismo, religião das classes dirigentes e do Estado, que rapidamente traga as seitas africanas, destruindo-as e, dessa maneira, impedindo que muitos dos valores estéticos da cultura africana se incorporassem às tradições e à cultura local que nascia. Parece fora de dúvida que essas corporações sufocaram, no processo da aculturação, a contribuição dos negros que tanto enriqueceu, por exemplo, as tradições baianas. Restou-nos apenas o reisado que as irmandades do Rosário permitiam, fixaram e divulgaram[1]. A Igreja e o governo permitiam certa continuidade do rito africano quando este não se conflitava com o código religioso[2]. Em alguns casos houve uma "adaptação" dos códigos.

Se considerarmos a grande densidade demográfica da população de cor, fácil será imaginar como poderia ter sido relevante aquela contribuição negra. Organizando-se nas confrarias, os homens de cor aproveitaram-se do que encontraram, usando, como era possível, o instrumento que se lhes oferecia.

Por conseguinte, ocorreram dois tipos de luta social dos escravos

---

1. O primeiro bispo a visitar a região das Minas foi Frei D. Antônio Guadalupe. Publicou então uma Pastoral (Capítulos da Visita) citada por D. de Vasconcellos, *História da Civilização Mineira: bisbado de Mariana*, p. 31, em que lemos o seguinte trecho daquele prelado: "[...] escravos, principalmente da costa da Mina, retém algumas relíquias da sua gentilidade, fazendo ajuntamento de noite com vozes e instrumentos em sufrágios dos seus fallecidos" [...] "[...] recomendamos aos Rd. Vigários que de suas freguesias façam desterrar estes abusos, condenando em 3 oitavas para a Fabrica aos que receberem em suas casas e ajudarem estas superticões".
2. V., a propósito, R. bastide, As Religiões Africanas no Brasil, v.I, p.78.

no século XVIII. O primeiro foi o processo ilegal e radical, intensamente desenvolvido no primeiro quartel do século, sobretudo de 1720 a 1750³, que se chamou "os quilombos". Esses quilombos se distinguem daqueles do Nordeste brasileiro. Em Minas, tudo indica, o comércio das cidades mantinha com os mesmos boas e lucrativas ligações. Desses núcleos negros revolucionários do século XVIII destacou-se, de forma notável, o quilombo do negro Ambrósio, no oeste de Minas. O outro tipo de luta dos negros, este pacífico, encontrou sua forma nas irmandades e confrarias.

Entretanto, embora a população de cor fosse bem mais numerosa que a branca, as irmandades de homens brancos e pardos eram mais numerosas que as de pretos, exceto em Sabará.

Os reinóis e os governantes em geral jamais compreenderam a luta dos africanos, pois supunham que estavam praticando a mais lídima caridade ao incorporar os negros ao cristianismo. Maurício Goulart cita um pitoresco cronista antigo, dos tempos do reinado de Dom Henrique, portanto, da mesma época em que chegaram os primeiros africanos aprisionados a Portugal:

> No julgamento do cronista, que traduzia o sentimento coletivo, os próprios indígenas deviam sentir-se alegres da sorte que lhes tocara, pois embora os seus corpos ficassem em *algua sogeiçon*, esto era *pequena cousa em comparaçom das suas almas, que eternamente avyam de possuir verdadeira soltura*⁴.

Esse trecho foi escrito pelo cronista português Antão Gonçalves, em 1441. Até hoje, a nação que escraviza outra insiste em nos convencer de que o faz por estoicismo e caridade.

Quanto à relação desse contexto social com as manifestações estéticas, há inegável sintonia entre as formas nascentes e os "momentos" decisivos do processo histórico. Foram profundas e

---

3. F. A. Lopes, *Os Palácios de Vila Rica*, p. 129-131.

Rev. Arq. Público Mineiro, v. III, P. 251-252, Cartas Do Conde de Assumar Ao Rei – Sobre os quilombos e castigo deles. (Doc. de 1719) "Já dei conta a Vossa Mag^de em carta de 13 de julho da soltura com que nestas minas vivião os negros e especialm^te os fugidos, que nos mocambos se atrevião a fazer todo o gênero de insultos sem receyo do castigo".

4. M. Goulart, *A Escravidão Africana no Brasil*: das origens à extinção do tráfico, p. 19.

bastante conhecidas as transformações introduzidas na arquitetura barroca pela geração dos "novos" daquela época: Manoel Francisco de Araújo, Manoel da Costa Ataíde, seu provável mestre, João Batista de Figueiredo, José Pereira dos Santos, Lima Siqueira e, acima de todos, a magna figura de Aleijadinho. A julgar pela cronologia das obras, podemos constatar que a fase de verdadeira criatividade coincide com a fase mais conflitante e socialmente fragmentada da sociedade, como demonstra a vida e as lutas das irmandades, que são organismos canalizadores, sistematizadores e ordenadores dos anseios e das aspirações dos diversos estratos sociais da comunidade e suas concepções. Vejamos esta cronologia considerando, apenas, os eventos mais marcantes.

Aleijadinho

- Início dos trabalhos da igreja de S. Francisco de Ouro Preto – 1765;
- Modificação do risco da igreja do Carmo de Ouro Preto – 1770;
- Risco da igreja de S. Francisco de São João Del Rei – 1774;
- Novo risco da igreja de S. Francisco de Ouro Preto – 1774.

Manoel Francisco de Araújo é o autor do risco da igreja de N. Senhora do Rosário dos Pretos de Ouro Preto, datada de 1784. As transformações formais realizadas por este e pelo Aleijadinho são das mais expressivas por sua audácia criativa, da mesma maneira que a pintura de Ataíde atinge, então, sua plenitude.

Entretanto, com relação ao trabalho de Manoel Francisco Araújo, há poucas e lacônicas referências, como são raras as pesquisas relacionadas à sua vida. Mas foi ele, sem dúvida, um arquiteto de extraordinário espírito renovador. Como no caso da igreja de São Pedro dos Clérigos de Mariana, a igreja do Rosário de Ouro Preto constitui exemplar raro do barroco mineiro. Esse templo apresenta uma planta completamente diferente daquelas que eram comuns à época, resultante do código estético estratificado pelo espírito da Contra-Reforma. "Quebrando" a concepção plástica da fachada (frontaria) que se arqueia sinuosa e coleante, ao contrário do retângulo tradicional, pesado e solene, acachapado muitas vezes na sua traça austera, o arquiteto modifica essa solução estética, enriquecendo o espírito barroco da época[5]. Além de outros, dois monumentos marcam o espírito criador dessa fase: a igreja do Rosário e aquela de São Francisco de Ouro Preto, sem falar na igreja homônima de São Del Rei, de Antônio Francisco.

É de se observar que, nos primeiros 35 anos da segunda metade do século, ocorre um surto do espírito criador na arquitetura, escultura, pintura, música e literatura.

No mesmo período, a vida social revelava não só intensa inquietação, como evidente questionamento dos valores até tidos como estratificados e proclamados pelo código oficial do poder colonizador. Esse é o período definido pelo conflito entre duas concepções e duas maneiras de encarar a realidade social: uma metropolitana e outra interna ou local. Obras literárias dessa época assinalam o espírito renovador: "No meio de tanta obra clássica de leitura penosa, *O Uraguai* se distingue pelo prazer que ainda causa, duzentos anos depois de publicado", escreveu Antonio Candido.[6]

Concluindo estas observações finais vemos que, no período da mineração, a sociedade colonial abandona o esquema polarizado ao qual nos referimos, o que ocorre em decorrência de uma economia mercantilista. Em Minas, o grupo formado pelos homens pardos e assalariados, estando em expansão, projeta um novo estrato, nova camada com seus interesses e aspirações. O grupo dos comerciantes assume uma posição de cúpula paralela ao escalão administrativo-reinol, mas ostentando interesses diferenciados destes últimos. Notamos então uma tomada de consciência de vários grupos, surgindo vigoroso espírito contestador.

Os grandes valores "indiscutíveis", tais como o império, o rei, a fé, integrados àquela retórica barroca com revestimento escolástico, tornam-se "discutíveis" diante da atitude crítico-objetiva do

---
5. C. A. da S. Teles, *Atlas dos Monumentos Históricos e Artísticos do Brasil*, p. 261: "As plantas dessas igrejas são formadas por duas ovais entrelaçadas que constituem a nave e a capela-mor. Na igreja do Rosário, duas torres sineiras cilíndricas antecedem a nave, ladeando o pórtico de três arcos. A fronteira curva e com empena ondulada é de autoria de Manoel Francisco de Araújo...".

6. Da maior significação o espírito renovador de José Basílio da Gama, autor de O Uraguai (1779). No Rio de Janerio, Silva Alvarenga cria novo gênero poético, partindo do modelo ítalo-francês, o rondó. Sobre Basílio, v. A. Candido, Dois séculos d'O Uraguai, Vários Escritos, p. 153.

raciocínio ilustrado, que passa a formular novo ideário, aquele de uma sociedade aberta no lugar daquela fechada, estabelecida anteriormente pelo código colonizador.

Da mesma forma, no universo das formas estéticas da comunidade, ocorre uma transmutação de "valores e verdades": o que "era belo" torna-se gongoricamente grotesco, e aquilo que era simplório torna-se belo, quer dizer, este belo se transforma no referencial e pedagógico. Toda a noção de belo estético depende do sistema conceptual. A mudança da visão (perspectiva) estética surge integrada à mudança do sistema conceptual. E esta mudança é uma decorrência da dinâmica social. Por isso, o que era o "ideal" torna-se o "falso", e o que era banal transforma-se no "ideal". A comunidade mineradora, partindo da estética peninsular, busca uma emancipação, a princípio relativa, mas que tende sempre para formas e soluções nativas ou próprias, através de modelos adequados ao temário nacional, como em Silva Alvarenga ou Basílio, Aleijadinho, Manoel Francisco de Araújo ou Ataíde.

Silviano Santiago demonstra em curioso ensaio[7] como o "segredo político" da colonização portuguesa está – desde o descobrimento, desde Anchieta – na junção dos dois códigos, o religioso e o lingüístico e, convém lembrar que, a literatura brasileira, nos primeiros anos, foi praticada por colonizadores, em alguns casos, colonos. Entretanto, na segunda metade do século XVIII, em Minas, assistimos ao fenômeno da diversificação dos códigos lingüístico, religioso e estético. Dos três níveis, aquele que mais resistiu à tendência para a ruptura foi o religioso. O que mais se transformou foi o lingüístico, através de nova retórica.

O processo de estruturação dos agrupamentos sociais no contexto minerador obedeceu à seguinte seqüência, o que se verifica pela história das irmandades:

1ª Fase – Ocorrem dois pólos sociais: na cúpula social, reinóis,

---

7. S. Santiago, *Barroco 3*. Em outros trabalhos, este autor desenvolveu o tema da relação entre o "mesmo" e o "outro" Vieira e a Palavra de Deus: o código lingüístico e o código religioso, (Derrida) para estudar a literatura brasileira.

autoridades e bandeirantes, sendo a base formada pelo contingente escravo (1696-1715).

2ª Fase – Estratificação dos comerciantes e consolidação de seu poder econômico. Aparecimento do grupo dos pretos livres (crioulos), que participam da produção como assalariados. Início da fragmentação do grupo dirigente (ou da cúpula) em dois subgrupos: aquele da administração e outro, do comércio (1715-1740).

3ª Fase – Inicia-se a decadência do ouro (de aluvião) provocando a depressão econômica, diversificando a estrutura social que se constitui em três estratos sociais – senhores, escravos e grupos intermediários, com grande aumento dos pardos e do contingente marginal.

Observam-se dois tipos principais de conflitos: um, entre agrupamentos diferentes e outro, dentro do mesmo grupo, o que indica o fracionamento da sociedade[8].

4ª Fase – Tendência ao nivelamento dos grupos que se unem no sentido mais nacional que regional, em um anseio de emancipação que se projeta até na independência posterior. Decadência do ouro, violenta pressão tributária da Coroa. Época das inconfidências.

Essas quatro fases podem corresponder à evolução seqüencial do barroco mineiro, em que também podemos fixar quatro etapas evolutivas principais. São elas:

1ª Fase – Capelas primitivas e isoladas, construídas pelos bandeirantes descobridores. Ausência de estratificação social. As capelas são construções rústicas, de absoluta simplicidade. Exemplos: capelas de São João ou Bom Sucesso, em Ouro Preto, sendo esta pertencente aos mamelucos. A invocação é sempre à Nossa Senhora, como N. S. do Ó de Sabará.

---

8. A mineração não só fragmentou e estabeleceu níveis diferentes nos agrupamentos, como fragmentou também a própria cúpula social dividindo-a em grupos de interesses diferenciados: o grupo dos comerciantes não podia ver com simpatia a ênfase fiscal do grupo administrativo. Isso caracterizou o conflito mercantilismo-medievalismo.

2ª Fase – É a etapa da construção das matrizes e da instalação das irmandades de S. S. de um lado, e dos pretos do lado oposto, todas elas nas matrizes. Contraste entre a simplicidade externa do templo e seu interior luxuriante e pesado. A construção dos altares laterais (de cada matriz) corresponde ao surgimento das irmandades que vão sendo fundadas, como a do Rosário, S. Benedito, S. Quitéria e outras. Exemplo: N. S. da Conceição, em Sabará, Sé Catedral de Mariana, iniciada em 1713. As irmandades que vão sendo fundadas pelas S. S. lideram a prática ritualística da religião, sendo as proprietárias das matrizes. Em Ouro Preto, a igreja de Antônio Dias já era capela em 1699 e sua construção toma grande impulso em 1727.

3ª Fase – Corresponde ao fim da plenitude econômica e estratificação dos grupos comerciantes. Fundação das ordens terceiras. Época dos grandes espetáculos de pronunciado barroquismo como o "Triunfo Eucarístico" (Lisboa, 1734), narração de Simião Ferreira Machado, ou do "Trono Episcopal", em homenagem ao bispo de Mariana, Dom Manoel da Cruz, ou ainda época da *Oração Fúnebre* do Vigário Matias Antônio Salgado, em 1751, (São João Del Rei)[9].

4ª Fase – Decadência da mineração e plenitude das ordens terceiras. Aumentam os conflitos de grupos e subgrupos com as batalhas judiciárias das irmandades. Lutas entre as S.S. e as ordens terceiras, refletindo a diversificação de interesses entre o grupo dos reinóis e dos comerciantes.

Finalmente, no princípio do século XIX, a depressão econômica é tanta, que as próprias ordens terceiras, antes tão poderosas, perdem parte de seu poder, ensejando um retorno do prestígio das matrizes, que voltam a receber seus crentes. Inverte-se, pois, a situação do relacionamento dos crentes com seus templos.

A partir daí, vieram as lutas pela independência, a viagem de D. Pedro I a Minas, os eruditos viajantes estrangeiros e foi outra a história, foram outras as concepções dos homens. E construir

---

9. A. Ávila, Uma Encenação Barroca da Morte: as solenes exéquias de Dom João V em São João Del Rei, *Barroco 3*, p. 41.

igrejas – grandes e belas, nobres e magníficas – já não era mais o supremo objetivo da sociedade. A vida mudou seu caminho, o homem mudou seu pensar, suas "lealdades", seus conceitos.

Naquelas cidades de topografia acidentada e tão alegres fachadas, cresceu uma população intensa, a qual logo foi se aglutinando em seus agrupamentos sociais, que se projetaram nas irmandades. Maurício Goulart, que tão objetivamente estudou o problema do homem de cor em todo o País, forneceu os seguintes dados[10]:

> A partir de 1715, já é do Rio que saem anualmente 2.240 escravos para as Minas: 13.435 de 1715 a 1721; em média, 2.316 por ano de 1º. de agosto de 1721 a 31 de janeiro de 1727. A seguir, o contrato do direito de 4$500, que pagava cada escravo que saía do Rio para as Minas, foi arrematado pelo prazo de três anos, à razão de 26.000 cruzados e 100$000 por ano, ou seja, uma previsão que deve ter sido atingida e ultrapassada de mais de 2.330 cativos por ano.

A seguir, Goulart cita a observação de Eschwege, quando diz: "que a maior fertilidade e a maior mortalidade se achavam entre os pretos livres; a maior fertilidade e a menor mortalidade entre os brancos; a maior fertilidade e menor mortalidade entre os escravos pretos"[11].

Maurício Goulart duvida da opinião do geólogo alemão, citando estatísticas que acentuam a grande predominância dos mulatos; estes, em 1786, atingiam 100.685, e, em 1808, 145.393. Já a população branca foi de 70.769 em 1776, não crescendo muito, pois, em 1821, era de 136.690[12].

Adiante, afirma o mesmo autor: "Havia em Minas, em 1724, afora as crias de menos de 14 anos nascidas na capitania, 95.026 pessoas de cor, das quais 94.128 escravos e 898 forros, pagando uns e outros de capitação, como sabemos, 4,75 oitavas. O quinto rendeu esse ano 536.302 oitavas..."[13].

Depois de analisarmos os cálculos de Pandiá Calógeras e

---

10. M. Goulart, ob. cit., p.. 153 e s.
11. Idem, p. 157. W. L. von Eschwege, em *Pluto Brasilienses,* p. 446, fornece um quadro estatístico da população em 1821, com a proporção de 145 para cinqüenta entre homens de cor e brancos.
12. M. Goulart, ob. cit., p. 157.
13. Idem, p. 126.

Eschwege, depois de mergulharmos nestas rigorosas estatísticas de Maurício Goulart, podemos adotar a conclusão deste último, quando diz que, em 1815, terminada a festa do ouro, que durara um século, a população era de 450 mil almas...

Observa ainda este autor que: "À medida que perece a empresa [refere-se à mineração], aumenta o número de libertos[14].

Sylvio de Vasconcellos, em *Vila Rica*, conclui a respeito da situação demográfica: "Apenas permitem avaliações sumárias que, pela segunda metade do século XVIII, consignam 400.000 pessoas na Capitania, 70.000 no termo e 25.000 em Vila Rica"[15].

Cita Taunay que, como Pohl, estima a população de Vila Rica em 8.600. Calógeras chegou a admitir que esta população atingiu a cifra de cem mil pessoas no século XVIII.

Os habitantes se espalhavam pelas cidades da mineração através das seguintes categorias sociais e profissionais: brancos: mineradores, comerciantes (em certas vilas, maioria), magistrados, funcionários, intelectuais, padres, militares, meirinhos, tabeliães, artistas diversos, ourives, arquitetos, professores, vigários, fazendeiros (pequeno número), tropeiros, hospedeiros, negociantes de diversos ramos e tipos de negócios, capitães do mato, enfermeiros e outras profissões menores. Pretos: escravos ou forros, faiscadores, trabalhadores das lavras, carregadores, empregados ou escravos domésticos, condutores ou ajudantes de tropeiros, oficiais e ajudantes dos artistas, entalhadores. Os trabalhos mais pesados, como carregar cascalho dos desmontes das lavras, transportar água às costas, bagagens e madeirames para diversos fins, eram dos negros. Os pretos eram divididos em africanos e crioulos (estes nascidos no Brasil), além de outra subdivisão entre forros e escravos. Pretas: trabalhos domésticos, cozinha, lavagem de roupa, limpeza das casas, ama de leite, amante, costureira e mil e um pequenos afazeres. Pardos: oficiais, pedreiros, marceneiros, carpinteiros, pintores, músicos, entalhadores, santeiros, militares, padres, feitores, ajudantes de tropeiros, faiscadores, artesãos, garimpeiros, enfermeiros

---

14. Idem, p. 169.
15. S. C. de Vasconcellos, *Vila Rica*, p. 51.

e outras profissões. As mulatas, escravas ou forras, eram tudo ou quase tudo, a saber: cozinheiras, esposas, amantes, lavadeiras, amas de leite, doceiras, empregadas domésticas, donas de estalagens, mães de família, enfermeiras, parteiras etc. Quanto às mulheres brancas, em geral, não tinham profissão. Os trabalhos pesados eram vedados aos brancos.

Além dos afazeres profissionais, toda a população tinha nas cerimônias do culto sua ocupação predileta. A religião era divertimento, através das grandes festividades que se multiplicavam o ano todo, graças às irmandades; a religião era também convívio, nas palestras pelos adros das capelas antes e depois das cerimônias; a religião estava ainda ligada à morte, ao nascimento e ao casamento. Os atos religiosos não se resumiam apenas àqueles dos domingos e dias santificados. Havia, também, as novenas promovidas pelas irmandades, bênção à tarde nos dias úteis, à qual as corporações exigiam o comparecimento dos filiados (irmãos), com suas opas, isto é, com sua responsabilidade social. Era a participação na vida da comunidade.

Por isso, os sonoros carrilhões eram a música das cidades. A matriz tocava e o Carmo respondia. Conhecia-se o morto pelo repicar do sino. Ao ouvi-lo diziam: "morreu um irmão das Mercês". Certa vez, em Sabará, alguém reclamou com ênfase: o sino repinicava demais quando o falecido era muito rico. Houve grande celeuma na ordem terceira.

Agora, acredito, já poderemos estabelecer algumas ligeiras conclusões, que, entretanto, não são apresentadas aqui como definitivas, mas apenas, como leves sugestões impostas pelos fatos e documentos estudados. Não queremos, em absoluto, que o leitor veja nestas conclusões qualquer pretensão dogmática. Não imaginamos coisa alguma, apenas procuramos ver um pouco no complexo e amplo panorama. Suponho que a pesquisa realizada nos autoriza às seguintes conclusões:

a) Em Minas, as ordens terceiras, arquiconfrarias e confrarias foram os organismos de classe típicos do século XVIII;

b) a contribuição que nos deram foi altamente positiva no sentido social; chegaram mesmo a influir na formação de uma disciplina coletiva, isto é, na observância de regras impostas pelo interesse do grupo ao individual;

c) proporcionaram às camadas humildes e pobres do tempo um meio de luta, revelando a esses grupos a possibilidade jurídica dessa luta e a relatividade desse jurídico, isto é, relatividade da justiça e sua feição temporal ou histórica;

d) não havendo um sistema educacional, as irmandades educaram através de um convívio disciplinado, no próprio organismo, pelos sermões e pelo contato direto com os padres, grande número de trabalhadores, escravos e livres. Mostraram a esses grupos oprimidos que as soluções para seus problemas estavam na organização estrutural deles e não na anarquia tumultuária da primeira década.

Outras contribuições da maior relevância das ordens terceiras e confrarias estão na vida intelectual e na cultura. Tanto no terreno das artes plásticas, em que a rivalidade entre as duas grandes ordens terceiras, do Carmo e São Francisco, promoveu, praticamente, mais da metade da obra ímpar de Antônio Francisco Lisboa e Ataíde, como também no terreno da música e educação musical que atingiu, na colônia, um índice tão alto como na arquitetura. Basta considerar a magnífica pesquisa de Curt Lange, para se saber que, em determinado período, existia, em Minas, um número maior de músicos ilustres que na própria corte portuguesa. Este fato, por si mesmo, exprime bastante.

Através do estudo das ordens terceiras e confrarias do século XVIII, do processo de luta ocorrido entre elas e dentro delas, poderíamos constatar, mais uma vez, o seguinte: quando uma sociedade luta pela conquista de alguma coisa, por uma nova forma institucional de vida, por um "*status*", por uma vida melhor, expressiva na conquista material de uma economia superior, quando luta pela industrialização, por exemplo, esta sociedade, em pleno movimento de ascensão, tende para postulados e conceitos mais liberais e amplos. É, por assim dizer, uma sociedade aberta. Quando esta mesma coletividade atinge certo grau de estabilidade através da conquista feita, ela, então, se fecha e se retrai, aprofundando as diferenças de classe, consolidando seus preceitos e preconceitos, criando os seus mitos, cultivando-os cada vez mais, valorizando de forma vigorosa o sistema da sua superestrutura e distanciando as classes. É, então, uma sociedade fechada. Repele as inovações políticas e não quer admitir os novos meios de produção. Foi o que se deu com Eschwege, que encontrou como ele próprio o declara, a maior resistência contra a introdução de novos métodos e do tipo novo de engenho para lavagem e trituração do minério de ouro. Isso, já na decadência, pois os conceitos nem sempre atualizam logo a sua cronologia.

As lutas das irmandades, no segundo quartel, se nos apresentam, portanto, como revelação da estratificação social ocorrida em Minas no século XVIII. O desenvolvimento do processo social acarretou, imediatamente, aquela série de choques e conflitos que, em certo momento, parecia que não teria fim. Era, então, uma sociedade fechada a que existia em Minas.

Haverá, por certo, quem, comentando a insignificância deste trabalho, lamentará a ausência de preocupação da nossa parte pelos problemas concernentes à tradição e formação moral das populações mineiras. Cumpre, pois, repetir que, a nosso ver, o problema moral não é problema científico, mas apenas uma das várias características de determinada cultura, ou seja, um aspecto, entre outros, da superestrutura social. Poderá vir a ser a sua expressão prevalecente ou secundária, mas sempre uma decorrência.

Por outro lado, não temos competência, gosto ou autoridade para abordar as questões morais, vinculadas ou não aos valores religiosos, nem seria próprio tal abordagem em livro deste tipo. O estudo desse ângulo da nossa formação social envolveria aspectos tão melindrosos, que, fatalmente, levar-nos-iam à polêmica. Estamos convencidos de que a ciência, mesmo quando muito empírica, nada tem a ver com polêmicas. Se fôssemos focalizar os "princípios" ou normas da moral vigente naquela sociedade ortodoxa e escravocrata do ciclo do ouro, teríamos, inevitavelmente, de analisar tais comportamentos grupais que seriam encarados como ataque à religião e não pesquisa social.

De resto, sabemos que toda discriminação racial e toda divisão interétnica originam-se no privilégio do grupo mais forte e sua pressão espoliativa sobre o grupo mais fraco. No caso, trata-se das relações entre senhores e escravos. Estes lutaram bravamente nos quilombos, durante todo o século XVIII, contra aquela opressão. É sabido que o preconceito alivia, ou anestesia a "consciência" (censura), ajudando a justificar moralmente o grupo opressor.

Que temos, apesar de tudo, no Brasil atual e em Minas, preconceito de cor, também me parece indiscutível. Alguns sociólogos dos mais altos renomes e dignos de nosso maior respeito afirmam ainda que esse nosso preconceito, embora existente, é, por assim dizer, mais "suave" (se é que assimilei bem a tese). Realmente, ainda não chegamos ao uso do linchamento. Mas por ser "suave" o seu processo, o preconceito não perdeu a sua vinculação à origem econômica opressiva. Em Pernambuco, afirma um autor isento da suspeita de esquematismo, ainda em nossos dias, há resistência contra a eliminação do dispositivo discriminatório no texto dos compromissos das irmandades, alegando-se a antiguidade do documento. Quem o afirma é o Prof. René Ribeiro no seu *Religião e Relações Raciais*[16].

Não se pode negar a influência histórica das irmandades na existência, entre nós, do preconceito. A religião era, nas Minas do século XVIII, "o foco cultural da sociedade", para usar uma expressão de Herskovits, um dos mestres dos proclamados sociólogos do Recife. Essa religião foi, portanto, usada como meio de opressão (através do racismo) de um grupo sobre o outro. Da mesma maneira que essa religião estimulou a ortodoxia do preconceito, será elemento de eliminação dele, tão logo cessem as causas determinantes da opressão. Da mesma forma, entre a religião e a estrutura jurídica, havia perfeita adequação e identidade durante todo o período estudado. Não nos interessa, porém, entrar em detalhes sobre a estrutura jurídica da Igreja, porquanto isso nos desviaria do nosso objetivo fundamental.

---

16. R. Ribeiro, *Religião e Relações Raciais*. O autor verificou também a resistência contra a ida para a cidade do interior de vigário preto. Isso em nossos dias, p. 127.

Nossa finalidade foi tão-somente chamar a atenção de estudiosos mais capazes para alguns aspectos, que nos parecem descurados até agora, da dinâmica do processo de estratificação social na zona da mineração durante o século XVIII.

Durante os séculos XVIII e XIX, as irmandades religiosas constituíram a forma orgânica funcional daquela estratificação social referida. Nasceram do processo formativo e, num movimento de retorno, ao mesmo processo, emprestaram ênfase singular e marcante.

Sendo um dos componentes da superestrutura, as irmandades, originando-se de um processo de mitificação da realidade, promovido pela ideologia dominante em virtude do movimento dialético dos vários fatores dinâmicos da transformação econômica, passaram a ser o reflexo e o instrumento das contradições da sociedade. Principalmente as corporações de pardos foram veículo de luta contra aquela classe dominante. O fenômeno, originalíssimo, é peculiar à sociedade mineira do ciclo do ouro.

Não se poderia estudar a evolução social de Minas, suas peculiaridades, sua dinâmica própria, suas projeções históricas, sua influência no comportamento social e político da coletividade mineira contemporânea, sem, antes de tudo, estudar a história das irmandades religiosas. Constituíram estas a mais viva expressão social da capitania, da província e mesmo do Estado.

Como vimos, o aparecimento das ordens terceiras assinala determinado grau atingido pela estratificação social. Isto é, revela a polarização da cúpula dessa classe média, constituída pelos comerciantes funcionários, intelectuais etc. Observa-se, então, que, nas regiões onde aquela estratificação, em decorrência da decadência econômica ou de outros fatores, não chegou a atingir aquele grau, não surgiram as ordens terceiras. Exemplo: Caeté, Santa Rita, Catas Altas e outras. A observação das igrejas de cada cidade ilustra de forma impressionante esse fato. Ouro Preto é o melhor exemplo que temos da eclosão e comportamento social das ordens terceiras do Carmo e S. Francisco.

Resta-nos estudar, ainda, a história das irmandades mineiras durante o século XIX, e as conseqüências da depressão econômica ocorrida com a transformação de uma economia urbana em rural-agrária.

Convém considerar, finalmente, que a maioria das corporações e ordens religiosas de Minas continuaram suas atividades no decorrer do século XIX, sendo que tiveram relações e contatos com fatos e personalidades políticas, como uma das Mercês de Ouro Preto. As irmandades do Rosário, em várias cidades, também tiveram vida normal. Falta-nos, entretanto, uma pesquisa sistemática sobre essa atividade no século XIX. No segundo quartel deste, o governo Imperial proibiu a discriminação racial no texto dos compromissos e estatutos. Gilberto Freyre afirma ter sido no segundo quartel desse século que as "irmandades se democratizaram".

Por outro lado, o estudo dessas associações religiosas no século XIX, em Minas, poderá confirmar, corrigir, ampliar ou concluir, em vários aspectos, a pesquisa apenas esboçada neste ensaio.

Resta ainda pesquisar e analisar muita coisa em torno da história das ordens terceiras e confrarias. Elas refletiram, outrora, a feição social da nossa vida como povo. Deixaram heranças singulares na atmosfera humana ou no estilo do viver de quase todas as pequenas cidades de Minas.

Que outros, mais capazes, realizem essas pesquisas e estudos. Terão grandes surpresas e alegrias, pois conhecer a vida passada sempre foi uma forma de compreender o presente, criando o futuro.

Anexos

Relação de Compromissos Inéditos Citados

1 – Compromisso da Irmandade de N. S. do Rosário dos Homens Pretos, S. José do Rio das Mortes, 1785.

2 – Compromisso da Irmandade das Almas Santas, S. José do Rio das Mortes, 1721.

3 – Compromisso da Irmandade das Almas Santas, S. Antônio da Casa Branca, 1724.

4 – Compromisso da Irmandade de N. S. da Conceição, S. Antônio da Casa Branca, 1807.

5 – Compromisso da Irmandade do S .S., Lagoa Santa, 1837.

6 – Compromisso da Irmandade S. S. Antônio Dias, Ouro Preto, 1717.

7 – Estatutos da Irmandade N. S. do Pilar, Ouro Preto, 1712.

8 – Compromisso da Irmandade de S. José, N. S. do Pilar, Ouro Preto, 1730.

9 – Compromisso da Irmandade do S. S. do Pilar, Ouro Preto, 1738.

10 – Compromisso da Irmandade S. S. (Escravos), Tejuco, 1735.

11 – Estatutos da Venerável Ordem Terceira de N. S. do Monte Carmo, Mariana, 1807.

12 – Compromisso da Irmandade S. Benedito (Mariana) – 1737.

13 – Compromisso da Irmandade de N. S. das Mercês dos Perdões – Antônio Dias (Ouro Preto) – 1837.

14 – Estatutos Municipais da Ordem Terceira do Seraphim Humano e Gloriozo Patriarca S. Francisco da Cidade de Mariana, 1765.

Documentos Avulsos Consultados

(Inéditos)

I) Confirmação de Ereção da Capela do Carmo de Diamantina, doada à Ordem Terceira pelo Desembargador João Fernandes de Oliveira, Lisboa, out. 1788. Arquivo da Ordem Terceira do Carmo, Diamantina.

II) Carta do Capelão Alexandre Farnese da Paixão. Arquivo da Ordem Terceira do Carmo, Diamantina, 1792.

III) Petição dos Irmãos do Carmo de Vila Rica e Despacho. Arquivo da Ordem Terceira do Carmo, Diamantina/1777.

IV) Carta à Ordem Terceira de Sabará. Arquivo da Ordem Terceira Diamantina, 1776.

V) Carta do Reverendo Antônio Trindade Oliveira Gonçalves ao Provincial, Arquivo do Carmo, Diamantina, 1777.

VI) Provisão de Dom José autorizando a Ordem Terceira de Ouro Preto a construir a capela, Lisboa, 7 ago. 1762. Arquivo da Ordem Terceira do Carmo, Diamantina.

VII) Recurso apresentado pela Ordem Terceira do Carmo ao Régio Tribunal da Coroa. Arquivo da Ordem Terceira, Diamantina, 1765.

VIII) Despacho do Procurador da Coroa, João da Sylva Pereira, a requerimento da ordem Terceira sobre uso das sepulturas de sua capela. Arquivo da Ordem Terceira do Carmo, Diamantina, (sem data).

IX) Novo recurso da ordem enviado ao Vigário Capitular. Arquivo da Ordem Terceira do Carmo, Diamantina, (sem data).

X) Certidão da Ouvidoria Geral Corregedor, relativo ao visitador Vicente Gonçalves Jorge de Almeida. Arquivo da Ordem Terceira, Diamantina, 1754.

XI) Carta do Provincial e Examinador Sidonal, Frei Bernardo de Vasconcellos, confirmando eleições. Arquivo da Ordem Terceira, Diamantina, 1772.

XII) Documento relativo à capela de S. Francisco de Paula. Arquivo da Ordem Terceira, Diamantina, 1754.

XIII) Despacho da Mesa da Consciência e Ordens, 19 jul. 1781. Arquivo da Ordem Terceira, Diamantina.

Quadro I • Ouro Preto

TEMPLOS	IRMANDADES	DATAS	OBSERVAÇÕES
Matriz Antônio Dias N. S. da Conceição (1760)	S. Sacramento e N. S. da Conceição da Boa Morte (1721)	1717 Anterior 1726	Brancos / Brancos
	São Miguel e Almas / N. S. do Terço	1725 (?) / 1736	Brancos / Brancos
N. S. do Pilar (1848) (Cap. inicial 1711)	Irmd. N. S. Pilar Santíssimo Sacramento	1712 / 1712 / Ref. 1736	Brancos
N. S. do Rosário (1785)	N. S. do Rosário da Freguesia do Pilar	1715	Pretos
N. S. do Carmo (1766-1830)	Ordem. 3ª. N. S. Monte do Carmo	1753 1ª reunião	Brancos
N. S. das Mercês (de Baixo-Perdões) (1772 – Altar-Mor: 1890)	Irmandade. N.S. das Mercês e Perdões	Passou a Ord. 3ª. em 1838	Pretos
São José (1730-1752)	Irmãos de São José dos Bem Casados	1730	Pardos / Existiu aqui a Arquic. em 1761
São Miguel e Almas (1767)	Irmandade. Arcanjo São Miguel – Irmandade. Sagr. Coração de Jesus Maria José – S. Matz.	1713 / 1785	1736 – Reformado Compromisso / Brancos
N. Sra. das Dores (1788)	Ordem Terceira N. S. das Dores	1775	Brancos
Mercês (de Cima) (1773)	Irmandade. N. S. das Mercês	1754	Pretos-Crioulos Passou a Ordem 3ª. em 1845
N. S. Rosário (1785) (Alto da Cruz)	N. S. do Rosário do Alto da Cruz	1719	Pretos
São Francisco de Assis (1755-1794)	Ordem Terceira de S. Francisco de Assis	1745	Brancos
São Francisco de Paula (1804-1879)	Ordem terceira de S. Francisco de Paula	1780 1ª Reunião	Pardos
Capl. do Rosário (Padre Faria)	N. S. do Rosário do Padre Faria – Freguesia de N. S. da Conceição – Antônio dias	1733	Brancos e Pretos Reforma do Compromisso 1733

OBS. : Em Ouro Preto, houve ainda a Irmandade de Santa Quitéria, em 1748, desaparecida no segundo quartel, segundo F. Menezes, p. 254. Templos e Sodalícios, *Bi-Centenário de Ouro Preto*. Existiu também a Irmandade de Sant'Anna, de finalidade assistencial, em 1730 (idem, p. 273), a N. S. dos Passos de 1715 (idem, p. 270), Irmandade S. Antônio, em 1715 (idem, p. 268), S. Cecília, Irmandade Bom Sucesso.

Quadro II • Mariana

TEMPLOS	IRMANDADES	DATAS	OBSERVAÇÕES
Matriz: Sé Catedral (1751-1796/ Iníc. 1713) Invoc. N. S. Assunção	S. S. (Fund. pelo Pe. Manoel Braz Cordeiro) N. S. da Conceição Almas Santas	Anterior a 1713 Anterior a 1713 Idem	Brancos
Rosário (1752) Bênção (1758-1814)	N. Sra. do Rosário Irmd. S. Benedito e Santa Efigênia	Anterior a 1715	Pretos
S. Francisco (1784) N. S. Mãe dos Anjos	Arquiconfraria dos Mínimos do Cordão de São Francisco	1760	Pardos
N. S. das Mercês (1769)	N. S. das Mercês da Red. dos Cativos	1749	Pretos – Est. 1787 Crioulos
N. Sra. do Carmo (1784-1826)	Ordem Terceira N. S. do Carmo	1751	Brancos – Funcionou anteriormente na Capela S. Gonçalo
S. Francisco de Assis (1777-1794-1817)	Ordem Terceira São Francisco de Assis	1758	Brancos
São Pedro (1753-1785)	Irmandade São Pedro dos Clérigos	1731	Brancos – Funcionou antes na Matriz da Vila do Carmo
N. Sra. de Santana (1726) (Reformada em 1799)	Irmandade N. S. de Santana	1720	Brancos – Funcionou na São Francisco de 1758 a 1761
Capela Santo Antônio (ou Rosário Velho) Antigo Rosário (1713) (Foi Matriz)	Anteriormente funcionou aqui a Rosário dos Pretos		
Capela N. S. dos Passos (1793)	Irmandade N. S. Bom Jesus dos Passos	Anterior a 1720	Brancos
Capela São Gonçalo (Anterior a 1746 - sem data precisa)	Irmandade São Gonçalo Aqui funcionou a Ord. 3ª. do Carmo, a partir de 1758	Sem data pág. 202 do Inst Ig. B.M.	Brancos

Quadro III • São João Del Rei

TEMPLOS	IRMANDADES	DATAS	OBSERVAÇÕES
Matriz: N. S. do Pilar (1773 - 1884)	Santíssimo Sacramento Bom Jesus dos Passos N. Sra. da Boa Morte São Miguel e Almas	1713 1733 1786 1804	Brancos Brancos Brancos Brancos
Rosário (1753)	N. S. do Rosário	1708	Pretos
Mercês (1751) (capela primitiva)	Arquiconfraria N. S. das Mercês (Irmand. desde 1751) ?	1807	Pardos
Carmo (1734)	Ordem 3ª. N. S. do Monte do Carmo (Anteriormente foi irmandade)	1732 ? 1754	Brancos
S. Francisco de Assis (1773)	Ordem 3ª. de São Francisco de Assis	1749	Brancos
Senhor Bom Jesus do Matosinhos (1773)	Senhor Bom Jesus do Matosinhos	1770	Brancos
N. S. das Dores	N. S. das Dores	1818	Brancos
São Gonçalo Garcia (1803) (Não se conhece a data da 1ª. capela)	São Gonçalo Garcia Esteve antes na matriz	1769	Brancos
Senhor do Bonfim (1768)	Não tem irmandade		
Santo Antônio São Geraldo	Não tem irmandade Não tem irmandade		
N. S. da Conceição Construção moderna, local da S. Caetano			

OBS.: A Irmandade do Carmo passou a Ordem Terceira em 1754.

Quadro IV • Sabará

TEMPLOS	IRMANDADES	DATAS	OBSERVAÇÕES
Matriz de N. S. da Conceição (1715)	Santíssimo Sacramento	1710	Brancos
	Irmd. N. S. Amparo	?	Pardos
Santa Rita	Santíssimo sacramento	1715	
N. S. do Carmo (Pedra fund. 1763)	Ordem 3ª. N. S. do Monte do Carmo	1761	Brancos
N. Sara. do Rosário (1767) (Bênção-1781)	Irmandade N. S. do Rosário	1713	Pretos
N. S. Mãe dos Anjos (1805)	Arquiconfraria de São Francisco Pardos do Cordão	1761	Pardos
N. S. das Mercês (Remodelação 1781)	Irmandade N. S. das Mercês (Passou a Arquic.)	? 1781	Pretos Crioulos
Capela N. S. do Ó (1717)	Irmandade N. S. da Espectação do Ó	?	Brancos
Capela N. S. do Pilar	Não tem irmandade		
Capela Alto da Cruz	Não tem irmandade		

OBS.: Houve em Bom Retiro da Roça Grande a Irmandade de Santa Quitéria, da qual não se conhece nenhuma data e a Arquiconfraria de S. Antônio na mesma Igreja.

	IRMANDADES							
DATAS	Sant. Sacram. Pilar	Rosário	Ordem 3ª São Frc. de Assis	Ordem 3ª do Carmo	Arqc. do Cordão de S. Frc.	Mercês	Arqc. S. Miguel d Almas	Amparo
1700/1720	4 1	4	–	–	–	1	2	1
1720/1740	–	2	–	–	–	1	1	–
1740/1780	–	2	3	4	4	4	–	–
1780/1800	–	–	–	–	–	–	–	–
1804	–	–	–	–	–	–	1	–
1918	–	–	–	–	–	–	–	–

Quadro V

IRMANDADES					ESPECIFICAÇÕES		
São Francisco de Paula	São José	Ordem 3ª N. S. das Dores	Bom Jesus dos Passos	N. S. da Conceição	Brancos	Pretos	Pardos
–	–	1	–	3	11	5	1
–	1	–	1	–	3	2	1
–	–	1	–	–	8	2	8
1	–	–	–	–	–	–	1
–	–	–	–	–	1	–	–
–	–	1	–	–	1	–	–

OBS.: Houve ainda nas cidades citadas as seguintes irmandades, em número de uma: N. S. do Ó, em 1717; N. S. Boa Morte, 1771; N. S. das Dores, 1918; Almas Santas, anterior a 1713, sem data precisa; São Gonçalo Garcia, 1759; N. S. Boa Morte, em 1786; N. S. Terço, 1736; Senhor Bom Jesus do Matosinhos, 1770; Sagrado Coração de Jesus, 1785; Santana, Santa Efigênia e São Benedito (anteriores a 1720), São Pedro dos Clérigos, duas Santanas e duas Santas Quitérias, N. S. dos Passos, duas Santo Antônio, Santa Cecília, Bom Suces.

Fritz Teixeira de Salles
por Alberto da Veiga Guignard

Pequena Autobiografia de
Fritz Teixeira de Salles*

N asceu em Minas, numa cidadezinha das vizinhanças da capital, chamada Santa Luzia do Rio das Velhas, rio histórico, região bandeirística. Fritz Teixeira de Salles acentua o detalhe geográfico, esclarecendo:

Muita gente proclamada, em Minas e fora das Minas, nasceu nas decadentes cidades da mineração. Mas nem todos os nascidos naqueles vilarejos são pessoas importantes. Há várias interpretações sociológicas sobre o assunto, ou seja, a desimportância dos nascidos em zonas de pecuária. Estes, caso estejam lendo esses dizeres, ficarão irritados. Mas declaro que a culpa é dos sociólogos. O Conde de Assumar, homem violentíssimo, governador no tempo de Felipe dos Santos, já dizia que essas terras produtoras de ouro expelem certos ares bravos, mas salutares ao espírito. A mim me parece que o governador general estava era sacando, fazendo média com seu reizinho portuga.

Continua o autor de *Vila Rica Do Pilar*:

De qualquer maneira, pelo sim, pelo não, convenhamos, nas vilas da mineração nasceram: Carlos Drummond de Andrade, Juscelino Kubitscheck de Oliveira, todos os Matta Machado, Bernardo, Alphonsus e várias gerações de Guimarães, como o finíssimo João Alphonsus, Augusto de Lima, os Mellos Francos, escritores desde o século XVIII, até nossos dias, o incrível Aníbal Machado, Lúcia Machado de Almeida, Diogo de Vasconcellos, Salomão de Vasconcellos e muitos outros Vasconcellos consagrados em prosa e verso. Já na zona da pecuária, nasceram: Emílio Moura, grande poeta e imensa figura humana, Cyro dos Anjos, Guimarães Rosa, Murilo Rubião, Affonso Ávila e muita gente também importantíssima.

Mas, e são ainda os impertinentes sociólogos que falam, o lastro cultural, a tradição humanista (melhor diríamos, *latinista*), o amplo sentido da irreverência irônica, essa vontade de corroer sorrindo, ou demolir brincando, de revirar o adversário pelo avesso do seu ridículo por pura amabilidade afável esses, meu velho, são traços mineratórios, com sociologia ou sem ela. Ao passo que o tal senso grave da ordem, este saber inato o que convém à República, este amor à retaguarda e este horror à aventura, este eterno pé atrás, tudo são heranças pecuárias e peremptas.

O nosso personagem, quando criança, gostava de ficar à varanda, olhando paisagens distantes, ou corria à cavalo pelas redondezas em disparadas loucas; ou ainda se deixava ficar imóvel, horas e horas, olhando e guardando. Apreciava ouvir os velhos contar histórias do rio, que, diziam, outrora fora navegável.

Finalmente, veio o secundário, que foi para ele o tempo das grandes descobertas. Lia muito e lia tudo. Era uma bela confusão: José de Alencar, Eça de Queiroz, Victor Hugo, Aluízio de Azevedo, psicanálise, teoria política, história e muita poesia. Poesia sempre. Houve o tempo de Guerra Junqueiro. O tempo de Castro Alves. O tempo de Bilac – quando uma virgem morre uma estrela aparece. Tempo ótimo. Florido.

Ainda cedo já descobria os modernos: Drummond e Jorge de Lima, de "Essa Negra Fulô" e "O Anjo". Começou, então, a se interessar pelo surrealismo. Leu Apollinaire, Aragon, Breton. Começou a tentar a crítica. Polêmico e irônico. Gostava da sátira, desmontar grandes conceitos e grandes lugares comuns.

Foi para o Rio esbravejar por lá. Fez amizade com Graciliano Ramos, já no pináculo. Cultivava Drummond com certa parcimônia, trabalhava em publicidade e continuava tentando a crítica. Morava no Catete, como todos os chegantes da província. Adoeceu naturalmente, voltou à Minas para se tratar. Foi para o Rio e voltou para se tratar várias vezes, todas naturalmente.

Convidado por Rodrigo Mello Franco de Andrade, ingressou no Patrimônio Histórico por volta de 1946. Trabalhavam ali pessoas ilustríssimas, tais como: Drummond, Lúcio Costa, Edson Mota, Alcides Rocha Miranda, Sylvio de Vasconcellos e o historiador Cônego Raimundo Trindade. O Patrimônio, planejado e organizado pelo grande Mário de Andrade, naqueles primeiros anos, realizou trabalhos impressionantes: pesquisas, revelações, descobertas de arquivos inteiros e, acima de tudo, descobriu numerosos recibos assinados pelo Aleijadinho. Tudo isso e as restaurações de igrejas e cidades, como Ouro Preto. Nomes jamais conhecidos, como Manoel Francisco.

---

* Nota do organizador

Esta autobiografia, provavelmene escrita no princípio da década de 1970, eivada de irônica pontuação, típica da personalidade de Fritz, foi localizada, também, entre os documentos e pastas do acervo literário deixado por ele. Cumpre-nos acrescentar alguns dados, buscando completar suas informações biográficas:

Depois do corpo docente da Universidade de Brasília ter sido defenestrado pelo golpe militar de 1964, Fritz ingressou no Centro de Ensino Unificado de Brasília (CEUB), como professor assistente, lotado no Instituo Central de Ciências Humanas. Ali foi responsável pelas cadeiras de História da Arte e Literatura, permanecendo naquela instituição até 1973.

Saindo do CEUB, Fritz foi para o Rio de Janeiro, onde pensava em voltar a *esbravejar*, conforme ele mesmo fala a respeito dos tempos de sua mocidade. Adoeceu e, após um período de recuperação, retornou a Belo Horizonte, onde continuou dando prosseguimento a seus projetos de escritor.Publicou então *Silva Alvarenga: antologia e crítica*, *Literatura e Consciência Nacional*, *Das Razões do Modernismo*, *Poesia e Protesto em Gregório de Matos*, *Dianice Diamantina* (poesia) e *O Poder do Algo Mais* (poesia).

Batizado como Manoel Frederico, Fritz foi seu nome de guerra. De todas as guerras que ele enfrentou nos campos da política, do ensino, da crítica literária e cinematográfica, da poesia e do viver a plenitude da verdade social e do bem querer a todos.

Fritz nasceu no dia 4 de março de 1917 e faleceu em 13 de abril de 1981.

Bibliografia

ALCÂNTARA, Antônio Lopes. *Subsídios para a História da Cidade*. DPHAN. Rio de Janeiro: MEC, 1957. N. 19.

ALMEIDA, Lúcia Machado de. *Passeio a Sabará*. São Paulo: Perspectiva, 1970.

ANDRADE, Mário de. *Padre Jesuíno de Monte Carmelo*. Rio de janeiro: SDPHAN. N. 14, 1945.

O Aleijadinho e Álvares de Azevedo. Rio de Janeiro: R.A. Editora, 1935.

ANDRADE, Rodrigo Mello Franco de. *Artistas Coloniais*. Rio de Janeiro: SPHAN. N.113, 1958.

At. ANTÔNIO C.S.C. *História de Santo Antônio de Pádua*. Tradução de J. Basílio Pereira, Salvador: Mensageiro da Fé. 2. ed. s/d.

ÁVILA, Affonso. *O Lúdico e as Projeções do Mundo Barroco*. São Paulo: Perspectiva, 1971.

Da linguagem Barroca ou Discurso Reto: dois sermões na Vila Real de Sabará.

Uma Encenação Barroca da Morte: as solenes exéquias de Dom João V em São João Del Rei. Barroco 3, Belo Horizonte, USFMG, d. 41, 1971.

Resíduos Seiscentistas em Minas. textos do século do ouro e as projeções do mundo *barroco*. Belo Horizonte: Centro de Estudos Mineiros, 1967.

ANTONIL, André João. Cultura e Opulência do Brasil Por Soas Obras em Minas.

BANDEIRA, Manuel. *Guia de Ouro Preto*. Rio de Janeiro: MEC, SDPHAN, N. 2., 1938.

BASTIDE, Roger. *As Religiões Africanas no Brasil*. São Paulo: Livraria Pioneira, 1971.

BAZIN, Germain. *Aleijadinho et la sculture barroque au Brésil*. Paris: Le Temps, 1964.

L' architecture Religieuse au Brésil. Paris: Librarie Plon, 1958.

BOSCHI, Caio César. *Os Leigos e o Poder*. São Paulo: ática, 1986.

BOXER, C. R. *Relações Raciais no Império Colonial Português 1415-1825*. Tradução de Elice Munerato, apresentação de Vamireh Chacon. Rio de Janeiro: Tempo Brasileiro, 1957.

BRAGA, João Pereira Rabello. *Memorial Histórico Dedicado à Irmandade do Santíssimo Sacramento* – Pernambuco: Tipografia Universal, 1869. – (Publicação mimeografada do 1º Distrito do D.P.H.A.N.) Recife, 1955.

CALDEIRA, Clóvis. *Mutirão*. formas de ajuda mútua no meio rural. São Paulo: Brasiliana Comp. Nacional, 1956. v. 289.

CANDIDO, Antonio. Dois Séculos d'*O Uraguai*. Vários Estudos. São paulo: Duas Cidades, 1970.

Formação da Literatura Brasileira. 2. ed. São Paulo: livraria Martins, 1964.

CARDOSO, Fernando Henrique. *Capitalismo e Escravidão no Brasil Meridional*. o negro na sociedade escravocrata do Rio Grande do Sul. Rio de Janeiro: Paz e Terra, 1977.

Autoritarismo e Democratização. Rio de Janeiro: Paz e Terra, 1975.

CHACON, Vamireh. *Economia e Sociedade no Brasil*. ensaio de história econômica e social compreensiva. Recife: Inst. do Álcool e do Açúcar, 1973.

COSTA, Claudio Manoel da. *Obras Poéticas*. Rio de Janeiro: Ganier, 1903.

COSTA, Joaquim Ribeiro. *Conceição do Mato Dentro*. fonte da saudade. Belo Horizonte: Ed. Itatiaia, 1957.

CRITILO (Tomás Antônio Gonzaga). *Cartas Chinelas*. Int. e notas de Afonso Arinos de Melo Franco. Rio de Janeiro: Imprensa Oficial, 1940.

DIAS, José Maria. *Raízes Históricas do Tributo Brasileiro*. uma visão crítica do sistema tributário nacional. Belo Horizonte: [s.n], 1977. (Cópia Xérox.)

DIÉGUES JÚNIOR, Manuel. *Estrutura Social Brasileira*. aspectos do passado e transformações do presente, *Revista Brasileira, Estudos Políticos*, Belo Horizonte: UFMG, n. 33, 1973.

Etnias e Culturas no Brasil. Rio de Janeiro: Serviço de Documentação, 1958.

DORNAS FILHO, João. *O Ouro das Gerais e a Civilização da Capitania*. São Paulo: (Coleção Brasiliana) Comp. Editora Nacional, 1957.

O Padroado e a Igreja Brasileira. Comp. 5.s. São Paulo: Editora Nacional, (Coleção Brasiliana).

ESCHWEGE, Barão Guilherme de. *Notícias e Reflexões Estatísticas da Província de Minas Gerais*, em RAPM, VII, 1837, p. 738.

ESCHWEGE, W.L. von. *Pluto Brasilienses*. 2 Volumes. Tradução de Domício de Figueiredo Murta. São Paulo: Comp. Editora Nacional, s/d.

FRANCO, Afonso Arinos de Melo. *Estudos e Discursos*. São Paulo: Editora Comercial Ltda., 1961.

FREYRE, Gilberto. *Sobrados e Mocambos*: introdução à história da sociedade patriarcal no Brasil. 2 ed. Rio de Janeiro: Livraria José Olympio Editora. 3 v. (Col. Documentos Brasileiros).

FRIEIRO, Eduardo. *O Diabo na Livraria do Cônego:* como era Gonzaga? e outros temas mineiros. Belo Horizonte: Editora Itatiaia, 1957.

FURTADO, Celso. *Análise do Modelo Brasileiro*. 3 ed. Rio de Janeiro: Civilização Brasileira, 1972.

GÉO-CHARLES. L'art baroque au Brésil. Paris: Lês Editions Internationale, 1956.

Dialética do Desenvolvimento. 2 ed. Rio de Janeiro: Fundo de Cultura, 1964.

GOLGHER, Isaias. *Guerra dos Emboabas.* Belo Horizonte: Itatiaia, 1956.

O Negro e a Mineração em MInas Gerais. Revista Brasileira de Estudos Políticos, Belo Horizonte, UFMG, n. 18, jan. 1965.

GONZAGA, Tomás Antônio. *Tratado de Direito Natural*: Cartas sobre a usura, minutas, correspondência, documentos. Edição crítica de Manuel Rodrigues Lapa. Rio de Janeiro: MEC, INL, 1957.

GOULART, Maurício. *Escravidão Africana no Brasil.* das origens à extinção do tráfico, São Paulo: Livraria Martins Editora, 1949.

GOUVEIA, Alfredo Mendes de. (Catalogador do Arq. Histórico Colonial) Relação dos Compromissos de Irmandades, Confrarias e Misericórdias do Brasil, existentes no Arq. Histórico Colonial de Lisboa, que pertenceram ao extinto Conselho Ultramarino 1716-1807 Imprensa Nacional, Rio de Janeiro: Biblioteca da Escola de Arquitetura da UFMG – Belo Horizonte.

GUERRA, Gregório de Matos. *Obras Completas.* Organizadas por James Amado. Salvador: Janaina, 1968. ... v.

GUIMARÃES, Fábio. *Fundaçao Histórica de Sao João Del Rei.* São João Del Rei: Artes Gráficas S.A., 1961.

GUSMÃO, Pe. Bartolomeu Lourenço de. *Obras Diversas*: estudo crítico de Affonso de Taunay. São Paulo: Melhoramentos, s/d. Prefácio de 1934. (Contém vários discursos do Pe. Bartolomeu de Gusmão.)

HANSER, Arnold. História Social de La Literatura y el arte. Madrid: Guadarrama, 1968.

HOLANDA, Sérgio Buarque de. *Visão do Paraíso*: os motivos edênicos no descobrimento e colonização do Brasil. 2 ed. São Paulo: Comp. Editora Nacional, 1969 (Coleção Brasiliana, n. 1114).

COSTER, Henry. *Viagens ao Nordeste do Brasil.* São Paulo: Cia. Editora Nacional.

LACOMBE, Américo Jacobina. *A Igreja no Brasil Colonial*: história geral da civilização brasileira. São Paulo: Difusão Européia, 1960.

LANGE, Francisco Curt. *As Danças Coletivas Públicas no Período Colonial Brasileiro e as Danças e Corporações de Ofícios em MInas Gerais. Barroco.* N. 1. Belo Horizonte, UFMG, 1969.

LAPA, J.r. Amaral. *Economia Colonial*: São Paulo: Edt. Perspectiva.

LAPA, Rodrigues. *Obras Completas de Tomás Antônio Gonzaga.* São Paulo: (Ed. Crítica) CEM, 1942.

LAPA, M. Rodrigues. *As Cartas Chilenas*: um problema histórico e filológico. Rio de Janeiro: MEC, INL, 1958.

LATIF, Miran de Barros. *As Minas Gerais – A Aventura Portuguesa – A Obra Paulista – A Capitania e a Província*. Belo Horizote: Livraria Cultura Brasileira, s/d.

LEAL, Victor Nunes. *Coronelismo, Enxada e Voto*. São Paulo: Alfa-Ômega, 1949.

LEME, Pedro Jaques De Almeida Paes. *Informações Sobre as Minas de São Paulo* – a expulsão dos Jesuítas de São Paulo. São Paulo: Melhoramentos, s/d.

LIMA, Heitor Ferreira. *História Político-Econômica e Industrial do Brasil*. São Paulo: Comp. Editora Nacional, 1970. (Brasiliana n. 347).

LOPES, Francisco Antônio. *História da Construção da Igreja do Carmo de Ouro Preto*. Rio de Janeiro: MEC, 1942.

Os Personagens da Inconfidência Mineira. Belo Horizonte: v. XVI Bibl. Mineira de Cultura, 1947.

Os Palácios de Vila Rica. Belo Horizonte: Imprensa Oficial, 1955.

Álvares Maciel no Degredo de Angola. Rio de Janeiro: Ministério da Educação e Cultura – Serviço de Documentação, 1958.

LOPES, José da Paz. Uma Corporação Religiosa: Vida e Obra da Venerável Ordem Terceira de N. S. do Monte Carmo, da Vila de S. João Del-Rei nos Séculos XVIII e XIX, segundo seu próprio arquivo. *Revista Histórica*, São Paulo, 1976 (n. 93 e 101. Separata, Brasiliana, V. 357).

LUNA, Luis. *O Negro na Luta Contra a Escravidão*. 2 ed. Rio de Janeiro: Livraria Edtora Cátedra, 1976.

MACHADO FILHO, Aires da Matta. *Arraial do Tejuco Cidade Diamantina*. 2 ed. São Paulo: Livraria Martins Editora, 1957.

MACHADO, Lourival Gomes. *Barroco Mineiro*. São Paulo: Edt. Perspectiva, 1970.

MARTINS, Heitor. Xavier da Silva, Heterodoxo Brasileiro. *Ocidente*, Lisboa. V. LXXX, 1971. Separata.

MARTINS, Luciano. *Politique et developpment economique:* structures de pouvoir et systeme de decisions au Brésil (These pour la Doctorat D'Etat), Université de Paris V, René Descartes, Paris, 1966.

MELLO, José Antônio Gonçalves de. *Antônio Fernandes de Matos 1671-1701*. Recife: Edição dos Amigos do PHAN, 1957.

MEMMI, Albert. *Retrato do Colonizado Precedido do Colonizador*. (Tradução de Roland Corbêsier e Mariza Pinto Coelho. Rio de Janeiro: Paz e Terra, 1967.

Primeira Semana de Estudos Históricos. O século mineiro. Ponte Nova: F.C.H. de Ponte Nova, 1972. (Vários Autores).

MENEZES, Furtado de. *Clero Mineiro*. 2.v. Rio de Janeiro: Tipografia Americana, 1933.

Templos e Sodalícios. Bi-Centenário de Ouro Preto. Belo Horizonte: Imprensa Oficial de Minas Gerais, 1942.

MORAIS, Geraldo Dutra de. *História de Conceição do Mato Dentro.* – [a.n.], Belo Horizonte, 1942.

MOURA, Paulo Cursino de. *São Paulo de Outrora.* evocações da metrópole. 2. ed. refundida. São Paulo: Livraria Martins, s/d.

ORTMANN, O.F.M., Frei Adalberto. *História da Antiga Capela da Ordem Terceira da Penitência de S. Francisco em S. Paulo.* Rio de Janeiro: D.P.H.A.N., n. 16. MEC, 1951.

OLIVEIRA, D. Oscar de. *Os Dízimos Eclesiásticos no Brasil.* Belo Horizonte, UFMG, 1964.

PASSOS, Zoroastro Viana. *Em Torno da História de Sabará.* 2. v. Belo Horizonte: Imprensa Oficial de Minas Gerais, 1940/1942.

Notícia e História da Santa Casa de Sabará 1787-1929. Belo Horizonte: Imprensa Oficial, 1929.

PRADO JÚNIOR, Caio. *Formação do Brasil Contemporâneo - Colônia.* 4. ed.

QUEIROZ J´UNIOR, Teófilo. *Preconceito de Cor e a Mulata Brasileira.* São Paulo: Ática, 1975.

RIBEIRO, Darcy. *Teoria do Brasil.* 2. ed. Rio de janeiro: Civilização Brasileira, 1975.

RIBEIRO, René. *Religião e Relações Raciais.* Rio de Janeiro: Serviço de Documentação, 1956.

SALLES, Fritz Teixeira de. Poesia e Protesto em Gregório de Matos.Belo Horizonte: Interlivros, 1975.

SANTIAGO, Silviano. Vieira e a Palavra de Deus: código lingüístico e o código religioso. *Barroco 3* , Belo Horizonte, UFMG, p. 7, 1971.

SANTOS, Joaquim Felício dos. *Memórias do Distrito Diamantino*: (Comarca do Serro Frio. 3. ed. O Cruzeiro, Rio. Nota Introdutória de Herberto Sales. Prefácio de Joaquim Ribeiro. Estudo Bibliográfico de José Neves. Notícia Literária, Bibliografia e Apêndices de Alexandre Pimenta Cunha.

SANTOS, José Lúcio dos. *A Inconfidência Mineira*: papel de Tiradentes na Inconfidência Mineira. São Paulo: E.P. Liceu Coração de Jesus, 1927.

SCARANO, Julita. *Devoção e Escravidão*: a Irmandade de Nossa do Rosário dos Pretos no Distrito Diamantino no século XVIII. São Paulo: Comp. Editora Nacional, 1976 (Brasiliana, 357).

TORRES, João Camillo de Olveira. *O Homem e a Montanha.* Belo horizonte: Livraria Cultura Brasileira, 1944.

TRINDADE, Cônego Raimundo. *Instituições de Igrejas no Bispado de Mariana.* Rio de Janeiro: S.P.H.A.N. N. 13., 1956.

S. Francisco de Assis de Ouro Preto. Rio de Janeiro: SPHAN. N. 17. MEC, 1951.

A Igreja de S. José em Ouro Preto. Rio de Janeiro: SPHAN. N. 13., 1956.

Arquidiocese de Mariana: subsídios para a sua história. 2. ed., Belo Horizonte: Imprensa Oficial de Minas Gerais, 1953.

Igreja das Mercês de Ouro Preto. Rio de Janeiro: SPHAN. N. 14., MEC, 1956.

VASCONCELLOS, Diogo de. *História Antiga das Minas Gerais*. Belo Horizonte: Imprensa Oficial de Minas Gerais, 1904.

A Arte em Ouro Preto. Edição Comemorativa do Bi-Centenário. Belo Horizonte: Academia Mineira de Letras, 1934.

História da Civilização Mineira. Bispado de Mariana. Belo Horizonte: Edição Apolo, 1935.

VASCONCELLOS, Pe. Heliodoro de. *Vida e Obra de Antônio Francisco Lisboa*. Rio de Janeiro: Livraria São José, 1961.

VASCONCELLOS, Salomão de. *Mariana e Seus Templos*: era Colonial 1703-1797. Belo Horizonte: Gráfica Queiroz Breyner, 1938.

Como Nasceu Sabará. Rio de Janeiro: SPHAN, MEC, 1945. N.9.

Ofícios Mecânicos em Vila Rica Durante o Século XVIII. Rio de janeiro: SPHAN, Arq. P.M., Arq. Colonial de Ouro Preto, 1940. N.4.

Minas e a Redenção dos Cativos. *Folha de Minas*. Belo Horizonte, 8 mai. 1938.

VASCONCELLOS, Sylvio Carvalho de. *A Arquitetura Colonial Mineira,* in Primeiro Seminário de Estudos Mineiros (Coletânea de Conferências) Belo Horizonte: UFMG, 1956.

Vila Rica. Rio de Janeiro: MEC, 1956.

VEIGA, José Pedro Xavier da. *Ephemerides Mineiras*. Ouro Preto: Imprensa Oficial, 1897.

VELOSO, Herculano. *Ligeiras Memórias Sobre a Vila de S. José Nos Tempos Coloniais.* Belo Horizonte: [s.n.], 1955.

VIEGAS, Augusto. *Notícia de São João Del-Rei*. Belo Horizonte: Imprensa Oficial de Minas Gerais, 1952.

Patrocínio

CAIXA · BRASIL UM PAÍS DE TODOS GOVERNO FEDERAL

Apoio

museu da inconfidência · SbM sistema brasileiro de museus · IPHAN 70 ANOS 1937-2007

IPHAN · Ministério da Cultura · BRASIL UM PAÍS DE TODOS GOVERNO FEDERAL

Co-Edição

museu da inconfidência · PERSPECTIVA

Produção

Lumen Argo
Arte e Projeto